文芸社セレクション

純じゃぱのえいご道中膝栗毛

篠原　正泰

JN126937

文芸社

目　次

第1章　生活編

●その野菜、ナマで食べないでしょ〜!?

　会社で一緒に働いているアメリカ人の送別会を家でやるというので出かけました。

　ホスト役のご主人は、ご夫人の命令で（笑）雨の中、傘をさしてテラスでチキンを焼いていました。

　スナックや野菜などは、いつもどおり、スーパーからセットを買ってきたまま どかんと置いてあります。日本のように皿に載せ替えるなんてしません。

　食べたい人は勝手に美味しくないドレッシングにdip（ちょっとつける）して食べられるようになっています。

　それはそれでいいのですが、いつまでたっても受けつけないのが、ナマのブロッコリーとナマのマッシュルームですかね。

　どうしてアメリカではナマで食べるんだろ？

　茹でたり炒めたりすればもっとおいしいのにって思ってしまいます。

　純じゃぱにとっては意外に苦手だったりする "アメリカ文化" です……。

●えっ？　蚊の入ったハンバーガー!?

　道路の脇にでっかい看板がある。

　Subwayというチェーン店のハンバーガーの宣伝だ。

　大きく

　Mesquite chicken hamburger

と書いてある。

一瞬、ぎょっ。うそ
だろ!? 蚊の入った
バーガー？

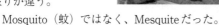

そ、そんなわけが
……。

よ〜く見てみると、
綴りが違う。

Mosquito（蚊）ではなく、Mesquiteだった。

Mesquiteってナンだ？

実は、Mesquiteとは、植物の名前。

辞書を引くと日本語での適当な訳がなく、メスキートとそ
のまま書いてある。

豆科の低木。熱帯アメリカ産のものを特に指すことが多い。
mesquite beanは、家畜の飼料にもなる、なんて書いてある。

それでは、このMesquite burgerとは、その豆が入った
burgerということ？ それも違う。

それでは家畜と一緒だ。

実は、このMesquiteという木、燻製のチップによく使わ
れるのだ。

正解は「燻製のチップとしてmesquiteを使った（香ばし
い）鶏肉の入ったバーガー」ということなのだ。

燻製のチップは、アメリカでは「ヒッコリー」と「メス
キート」の2種類が一般的みたいだ。

スーパーに行くとだいたいこの2種類が売っている。

日本では桜などが売られているが、アメリカでは見ない。
手に入らないか、商業ベースになりにくいのだろう。

　ヒッコリーとメスキートでは、前者が有名だが、後者が日本人のクチにあっているという日本人が多い。

　ヒッコリーでは燻製が酸っぱくなってしまうらしい。

　沢釣りでとれたニジマスをそのまま干してメスキートでいぶすと、野趣溢れるご機嫌の燻製ができあがる。

　すべてが自然からのめぐみだ。

　これを文字通り肴にして、日本酒を一杯……。ヨダレが垂れてきた。

●えびフライは揚がらない！

　たとえばえびフライ。

　fried shrimp

　とは言いません。

　何と言うかというとdeep-fried shrimpと言います。じゃあ、friedは何かというと「油で炒（いた）めた」という意味です。

　そもそもfryとは、13世紀に出てくるラテン語frigere（こんがり焼く）から来ており、そのこんがり焼くために油が使われるのですが、その使い方としてshallow-fryとdeep-fryの2種類があるわけであって、その「浅い（shallow）」か「深い（deep）」かは油の量によるわけです。

　shallow-friedは、friedとも言われ、日本語でいうと炒める、ということになり、deep-friedは、日本語でいうと揚げるということになるわけです。

●アメリカの牛乳

　アメリカの牛乳もいろいろと種類があります。

でも正直あまりおいしくない。

日本の牛乳はホントにおいしいと思います。

一番左のが、Whole Milk といって、ふつうの牛乳。

でも日本の牛乳と比べるとナンダカうすい感じですが、日本人にはこれが一番。

左から2つ目はFat Free Skim Milk。 一度買って、懲りました。

一番右のはButter Milkだけど、さすがに買う気にも飲む気にもならなかった（笑）が、これは料理用らしい。

ちなみに黄色い入れ物、紫外線からミルクを守るために導入されたもので、yellow jug って呼んでいます。

ちなみにMAYFIELDは創業者のお名前だそうです。

●ミルクセーキのセーキってナニ？

ミルクセーキってちょっとレトロな感じもあるけれど、セーキってナニ？って思いました。

調べてみたら、なんとセーキとはshakeの日本語なまりなんですね。

だから英語ではmilk shake
となります。

●卵焼きはレアで

アメリカに来たころ、一番イヤだったもの。

　それはレストランでした。
　ウエイトレスが機関銃のような早口英語で聞いてくる。
　何を言っているのか全くわからない。
　向こうは全く容赦しない……。
　黙りこくっていたら、"攻撃"は終わらないし、それが終わらないと食べられない……。
「英検」の面接の方がよほどマシ? という感じでした。
　一度なんて、ウエイトレスから、
「super-saladはどうしますか?」
　って聞かれました。
「おー、そんなゴージャスなサラダがあるのか。試してみるか」と思い、
　Yes, super-salad please!
　って元気よく言いました。
　そしたら向こうも困った顔を……。
　もう一度「super-salad?」って聞いてきて、もう、窒息状態。
　よくよく聞いてみたら、soup or salad?（スープにしますか? サラダにしますか?）って早口で聞いていたのでした。
　このスーパーサラダ尋問が終わると、今度はステーキの焼き方尋問。
　How would you like to cook your steak?
　これは、何とかrareとひとこと言って第2戦を凌ぎます。
　最後に、脇についてくるジャガイモ尋問。
　Baked potate, twice baked potate, mashed potate, or rice?
　イモの3兄弟を早口に言われると、それだけで頭の中が目一杯になってしまう。

14

　これは日本人だし、最後のrice!と答えればおしまいとい
う要領も暫くしてから体得しました。
　かくして順番に"オウム返し"が出来るようになると、少
し安心してステーキ屋に乗り込むことが出来るようになりま
した。
　そんなある日、IHOPに行きました。
　そう International house of pancake というずいぶんと大
仰な名前のレストランです。卵焼きを注文したところ、ウエ
イトレスが卵の焼き方を聞いてきます。
　How would you like to cook?
　そこで私は胸を張って言いました。
　Rare, please!
　……パブロフ犬は、本当に穴があったら入りたかったです。

●白アスパラの枝

　スーパーで白アスパラが売っていた。
　アスパラは、緑より白が断然いい。
　ゆでたとき、白アスパラはその真髄を発揮する。
　その透明さ、香り、甘み。
　純粋に「オレはホンモノのアスパラだ！」と自ら叫んでい
るように感じる。
　緑もいいけれど白には負ける。
「かわいいやっちゃ」と思ってその束を見てみると
　Branches
　と書いてある。
　ほぉ、アスパラの茎も「枝」って表現するんだ〜。
　知らなかった。

ややっ？　よくよく見ると

Blanches

って書いてある。

こりゃスペルミスだ。

商品表示でミスする
のかな。

これがアメリカって
言えばアメリカかな。

と自分の"発見"を
誇らしげに思っていた
のだが。念のために調
べておこう。

Blanch

を調べてみると……

あらら！　この単語がでている。

blanchとは園芸用語で「（土で覆って緑化を抑え）軟白栽
培する。白く栽培する」という意味があるのだ。

他にもブリーチ（bleach）と同じように「漂白する」、
「（料理用語として）果物・野菜を熱湯に通す」の意味がある
れっきとした英語だった（汗）

それにしてもまぎらわしい……。

---

blanchは、古いフランス語、blanc（白い）から来ています。
そう、欧州の山、モンブラン（Mont Blanc＝白い山）の
blancです。そのフランス語blancから派生しblanchirが「白
くする」という意味になり、それが、blanchとなりました。

●「食べるスープ」の英語的考現学

　純じゃぱにとって、英語の世界には不思議なことがいろいろとあるものである。

　たとえば、そのひとつが、英語の世界ではスープsoupは「食べる」ものであり「飲む」ものではないということだ。

　例えば「ワタシは昨夜、ボーイフレンドと一緒にかぼちゃスープを飲みました」は、英語では、

I ate pumpkin soup with my boyfriend on a dinner last night.

となる。

　この場合、drink soupとはまず言わない。

　なぜだろうか？

　実はeatとdrinkの使いわけは、スープをどのような方法で口に入れるか？が強く関係している。

　スプーンやフォークなどの食器（silverware/flatware/utensilsという）を使って口に運ぶとき、その行為は基本的にeatとなるのである。

　それが考え方の基本だから、スープの中にジャガイモなど食べるものが入っていようがいまいが、すなわちポタージュでもコンソメでもeatなのである。

　ではdrinkとは何か？

　それは、直接容器を口に持ってきて飲む場合である。だから缶入りのジュースを飲む場合は、drinkとなるのである。ストローを使って飲む場合もdrinkだが、この場合、ストローが容器の派生物と考えられているようだ。

　こう説明してくると次のように言う人がいるかもしれない。レストランで出されるスープにはカップとボールがあり、前

者の場合、取っ手（handle）を持ってカップを口に持って
いって飲めばdrinkになるのではないか？

　理屈から言ったらそうかも知れない。だが、結論はそうな
らない。

　なぜなら、常識あるアメリカ人にとって、カップを口に
持っていく行為は、テーブルマナーに反するからだ。取っ手
のついたカップで出されても基本的にスプーンで飲む（英語
では「食べる」）ことがマナー上、強く求められている。従
い、結果としてeatとなってしまうのである。

　告白すると純じゃぱであるワタシは、カップスープが出た
ら迷わずコーヒーを飲むように飲んでいた（笑）。

　テーブルマナーの話が出たので触れるが、日本人は和食で
は食器、たとえば茶碗やお碗を手に取り持ち上げて食べるこ
とがあるが、洋食ではこれはマナー違反だ。常にフォーク・
ナイフを使って食べることが要求されている。また肘（ひ
じ）をテーブルの上について食事をするのもマナー違反であ
る。

　アメリカ人の親はそのことを子供に教えるために、いつも
Get your elbow off of the table！！
と叫ぶはめになる。

　こういったしきたりが色濃く残っている米国南部で妙齢の
女性たちの昼食会を見ると面白い。全員が全員、左手は右の
モモの上に置き（すなわちテーブルの上に左手を置かず）、
右手だけを上に出してフォークで食事をしている。ラインダ
ンスを見るようでもある。

　ところがところが、どうも欧州や日本では両手をテーブル
の上に出しておくのがマナーらしいから、ところ変われば常

識も変わるのである。くれぐれも「そんなの常識じゃん！」は慎しまねばならないだろう。

　さぁ、左手は右足の腿の上におき右手だけを出してスプーンでスープを食べよう！

　うーん、ちょっとだめみたい……。

●メロンと鹿との微妙な関係……？

　英語で子供の作文みたいに「メロンを買った」と書くことがあった。

　maskmelon

　と書きつける。念のため、マスクメロンを和英辞書で調べる。そうすると、ややっ？

　muskmelonと出ている。

　網の目のマスクかかっているからMaskだろう、と思っていたから綴りが違う！　これ誤植だよー！と思い、回りのアメリカ人に聞く。すると一笑に付され「辞書があってるよ！君が誤植だ！」と言われシュン。

　何かがおかしい。マスクがmaskではない。調べてみるとmuskは、実は「ジャコウジカ」だった。麝香鹿とも書く（麝は難しい漢字だが「鹿がいいニオイを射出する」から鹿と射という字が一緒にしたという正真正銘の起源なのだ）。

　転じてmuskはジャコウジカの「香り」すなわち「麝香（じゃこう）」をも意味する。

　そもそもmuskの原意はmuskaと言って、サンスクリット語で「陰嚢」（要は"きんたま"）を意味していたらしい。そうしてジャコウジカの麝香のいい匂いを分泌する腺が、"きんたま"に似ていたことから、muskがジャコウジカを意味

するようになる。

　ジャコウジカのオスの包皮腺の分泌物からその「麝香」が取れる。古来、麝香は香のものとして珍重されてきた。また、漢方薬として、奇応丸などにも使用されてきたものだ。

　話を元に戻そう。

　結局、muskmelonとは「網の目」にはナンの関係もなく「匂い」と関係があったというわけだ。

　昔は高嶺の花だったマスクメロン。果物屋の一番奥の棚に泰然と鎮座し、病気のときだけ食べられる果物だった。その象徴はあの網のマスクにあるのだとずっと思っていた。

　見事にうち砕かれた青春とでもいうべきものだろう。

　メロンの匂いが麝香の匂いと同じかどうかがわからず周囲のアメリカ人に聞けば "全く違う" という。それが単に芳香であったから名づけられたのだと純じゃぱが推定するのは、以下の理由だ。

　すなわち、muskを冠する動植物は意外に多いのだ。

musk beetle（ジャコウカミキリ＝虫＝バラの香り）
musk cat（ジャコウネコ＝猫）
musk duck（ニオイガモ＝鳥）
musk plant（ジャコウミゾほおずき＝花）
musk tree（麝香木＝木）
musk malow（ジャコウアオイ＝植物）
musk turtle（ニオイがめ＝亀）
musk shrew（ジャコウネズミ＝鼠）

花や木ならまだしも、ねずみやら亀、果ては虫までmuskを冠するものがある。自然界のありとあらゆる分野にわたっ

ている。これらが全部、同じ麝香の匂いであることは考えにくい。

言い換えれば「いいニオイのする……」という形容詞にmuskという言葉があてられたと考えてもいいのかも知れない。この麝香鹿の歴史は相当古く人々があまり楽しみがなかった時代、「芳香をもたらしてくれる物質」として、その鹿と共になじみがあったことの証左だろう。そして以後発見された芳香を持ったり放ったりする植物／動物の名に、おおかたmuskを冠していったということでなかったか。

あるアメリカ人にこの話をしたところ、鹿のハンティングに行くとき、このmuskを体中になすりつけて出かけるそうだ。鹿は嗅覚がするどく人間の服の石鹸の匂いを隠すためにする行為だそうだが、「とてもとても "いい匂い" とは言い難いよ」と言って大笑いしていた。

私はこのmuskの事実を「発見」して以来、困っていることができた。実はマスクメロンをみると、何となく鹿の睾丸を想像してしまうことなのだ。

●おおきいチーズとは……？

アメリカ人は、誤解を恐れずに言えば、「肩書きに非常にこだわる人たち」である。

日本人の一生懸命仕事をし、その結果として「肩書き」が付いてくるという労働観に対し、最初に「肩書き」ありきであり、「肩書き」をまず求めてそれに伴ってついてくる「権限」をもとに「自分」が決めながら成果をあげていく、という労働観なのだ。

「肩書き」があっても「上長」や「部下」とよく相談をする日本人とは対照的で、人種の多さや価値観のバラエティの中で自分の権限で統御していくのが早道ということなのかも知れない。

　だから、例えば、窓際の部屋が与えられたりすると、三々五々アメリカ人がやってきて「おめでとう」「住み心地はどうかね」「ハイレベルの人だね」などと、誉め言葉を言ってくる。日本人はここまで「上昇」したことを表立って誉めたりはしない。

big cheese（おおきいチーズ）

　会社の上層部を示すスラングである。「大物」「ボス」「エライ人」などを意味するフツーの英語であり、スラングだから知らなくていいでは済まされない言葉でもある。

　時に冗談でbig cheese（大きいチーズ）に対し、自分のことを卑下してsmall cracker（小さいクラッカー）などと言って笑ったりする。

　しかし、言葉の起源を考えると、これは勘違いであることがわかる。

　実際、どのアメリカ人に聞いても起源を知っている人はほとんどいないのだが、cheeseは、元はインドのヒンディ語のcheezからきており、「物」という意味である。さらにその起源を辿れば、ペルシャ語のchez「物」にたどり着くのだ。

　いずれにしても、そのような理由から「大物」という意味になる。

　だから、食べ物のチーズとは全く縁もゆかりもない。それにクラッカーなどがついてくるとこれはわけのわからないハナシということになる。

　この「大物」「ボス」「会社のエライ人」を示すもうひとつのスラングに「head honcho」というものもある。

　これもまたほとんどのアメリカ人が起源を知らないと思われる。

　実は、このhonchoは、ニホンゴの「班長」から来ている。終戦後、米軍が日本を占領していた時代、日本に駐在していた兵士が、日本人が「ハンチョ〜！」と叫んでいたのを覚え「えらい人」という意味と理解し本土に帰って流布させたのだと思われる。1947年（昭和22年）に初めて文献に現れる言葉でもあり歴史は比較的浅い。

　このほかにも big wheel などという言葉もあり、いやはやいかに「エライ人」の表現にバラエティがあるか、それは、この「地位へのコダワリ」から来ているというのが純じゃぱの解釈である。

●ひょうたんって英語で何？

　釣りに行ったときに、道端でりんご園を見つけた。

　りんご以外にいろいろと手作りのものを売っていた。

　その売り物の中でも傑作がこれ、ひょうたん！

　こんなものも売っている？という感じ。

　道端のりんご園で売っているのもまた米国南部の片田舎の良さ。

　2つあったが、一方は、表面に絵が描いてあってなかなかの傑作。ナンだか夏休み作品展って感じでもある。

　その前に紙があって、

　gourds

　って書いてあったので、ひょうたんってそう言うんだ、っ

てわかった。gourdsっ
て複数形だから、2つ
で3ドル？って聞いた
ら、ひとつ3ドルとい
う。
　それって文法と違う
じゃんって思ったけれ
ど、それでも一個3ド
ルならっていうので、絵の描いた方を買って帰りました。
　部屋に飾ったらなかなかイイ。
　ちょっとしたアメリカ系民芸品であり、この前アメリカ人
から貰った"シカの首"のハク製より随分いい。
　純じゃぱも農耕民族のはしくれであり狩猟民族にはなれな
いなあと思う。

　ところで日本でひょうたんに絵を描く習慣はあまりないの
ではないかと思う。

　どうも、アメリカ・カナダなどでは流行っているらしい。
　英々辞典のひょうたんのところを見てみる。
　以下のように書いてある。

The harder outer surface lends the gourd to a wide
variety of creative appeals, including carving, pyrography,
sculpture, basketry, masks, musical instruments, and much
more. A steadily growing following has emerged in the
United States and other Western countries for the use of

gourds for artistic and craft-related purposes. There is a steadily increasing list of books specific to this subject.

（堅い外皮を利用して各種各様のものが作られている。例えば、彫刻や、焼き絵、籠細工、お面、楽器などである。それらがだんだんと広まり、欧米では、芸術方面にも展開されるようになってきた。それに関する本なども出版されている）

Gourd crafting (or gourding as it is often referred) is supported by festivals and art/craft events in practically every U.S. state, Canadian province, in Australia and elsewhere.

（ひょうたんクラフトはしばしばゴーディングとも呼ばれるが、その祭りも開催されていて、米国、カナダの各州や豪州などで開催されている）

The oldest running U.S. Gourd Festival is held in North Carolina; the 2005 event will be the 64th Annual event, held in Raleigh. Finely crafted gourd art pieces can fetch considerable prices, often into the high hundreds and more. A gourd artpiece created by a California gourd artist on commission was valued at USD$20,000 in 2003.

（ノースカロライナ州では、2005年で64回目となるひょうたん祭りが開かれた。精巧に作られた芸術ひょうたんは、かなりの価格となる。＄500以上になることも珍しくない。カリフォルニアの瓢箪アーティストの手になるひょうたんアートは2003年には、2万ドル（＝230万円）の値がついた）

　実際にアメリカではひょうたんを作物としてつくっている農園もある。

　80エーカー強の面積に年に何十万個と作っているカリフォルニアのウェルバーンひょうたん農園は有名らしい。

　会社の同僚にひょうたん売ってたって話をしたら、「私のおじいさんは、ひょうたんを半分に切って、その空洞のところに細い竹をぶらさげて、それで

　wind chime（風鈴）

にして楽しんでいたわ」と話してくれた。

　そんなもので涼やかな音が出るわけもないが、それはそれで風流だと思う。ひょうたんといってもあなどるなかれ。

　奥深いいろんな楽しみ方があるのだ……。

●ジョッキをつまみにビールを呑もう！

　昨日、六本木の呑み屋でビールを呑んでました。

　ジョッキでぐいぐい……。ところでジョッキってどこの言葉？という話になりました。

　絶対、ポルトガル語かオランダ語だろ。

　いやジョッキー（騎手）が英語だから英語だろ。

　騎手とビールは関係ないでしょ。

　何語だろうがビールはうまい！で話はまとまりませんでした。

　驚いたことにジョッキは英語でした。

　ま、元はといったところです。元の英語は前の記事「アメリカの牛乳」でもとりあげたjugでした。

　それが日本に来てから訛ってジョッキになりました。

　jugは①注ぎ口のついた　②持ち手のある大きな容器　のことでアメリカの牛乳の入れ物そのものズバリなものです。

　比較的小さくて取っ手があるが注ぎ口のないものはmugマグというので、昨夜、純じゃぱが握りしめていたビールジョッキは、本来はmugマグということになります（マグカップは和製英語で正しい英語ではありません）。

　専門的に研究をしているWeb（酒器論考）には次のように書いてあってたいへん参考になりました（以下引用）。

『古い外来語の語源辞典によれば、江戸時代末期、文久二年（1862年）に出版された堀達之助編の「英和・和英対訳袖珍辞書」には「ジョッキ」なる語があり、その訳語として「徳利、壺」と記されている。また福沢諭吉著「西洋衣食住」（1867年）には「水甌（ジョク）」、島田豊纂訳「附音挿図・和訳英字彙」（1888年）にもジョキが「大酒盞」と訳されている。このように日本語のジョッキは幕末からすでに誤った外来語として日本に定着して来たのである。

　本来、ジャグは水やビール、ミルク、油などの液体を容れたり注いだりする器を意味し、その器形は普通「胴部が膨らみ、上に向うにつれて細くなり、垂直の把手が一方につく」とあり、「マグ」については「それで酒やビールやエール酒を飲む器であり、その形は垂直の胴部に大きな把手がついており、口縁部は真っ直ぐである。形は樽型や鈴を逆さにしたようなものなどいろいろなバリエーションがある」（オックスフォード英語大辞典）と記されている。』

　ちなみにグラスには大きく分けると3つの種類があるそうです。

　ジョッキのほかに、ワイングラスのように足がついているのがゴブレット、取っ手も足もないのがタンブラーということになります。

　タンブラー tumblerはハイボールなどを入れるときに使う寸胴型のグラスのことですが、もとはtumble、すなわち転ぶ、倒れるような不安定なケモノの角などで作られていたことに由来します（tumblerは軽業師、体操選手、起き上がりこぼしなどがその意味です）。

●酔うた！

「酔う」とdrunkの違いってわかりますか？

　それは、その比喩表現の広がりの違いだと感じます。

　今日、TVの英語番組を見ていてその違いがわかりました。

　日本語の「酔う」の比喩表現は“素晴らしい音楽に酔う”“車に酔って気持ち悪い”など良いことにも悪いことにも使います。

　英語のdrunkは、They were drunk with success.（成功に酔った）のように良い意味のみで悪い意味には使いません（船酔いはseasick、車酔いはcarsickといい、ちゃんと病気であると言います）。

　むろん、日本語も英語も元は「酒に酩酊する」という意味ですが、比喩表現の広がりに違いが出たのは、西洋人と日本人との体質の違いに由来するそうです。

　西洋人はアルコール分解能力が高いので、酒を飲んでも悪酔いをしたり、二日酔いをしない、だからdrunkの比喩に悪い意味がつかなかった。

　日本人はアルコール分解能力が低く、酒を飲むと気持ち悪

くなることもしばしばあることから悪い意味にも使うようになったとのことでした。

ところで純じゃぱの住んでいた米国の南部ではレストランでだらだら酒を飲んで騒いでいるのはまず日本人だけでした。

アメリカ人は酒は飲みますが、ホントに1杯か2杯で食事が終わったらさっさと帰宅してしまいます。ましてや二日酔いになったり道で酔っ払って倒れていたり、レストランの外で吐いたりなどという光景を見たことがありません。

アルコール分解能力がある上にこういったことが「はしたない」「格好わるい」という文化が相当に支配的だと思います。

日本ではしばしば電車のホームで寝ている人や戻している人をよく見かけます。二日酔いするほどとことん呑んでこそ酒だ！と思っているのは純じゃぱだけ？

●酔っ払いに関する比較文化的考察？

今日、アメリカ人女性と食事をしたんですが、そこで「酔っ払い」に関する話になりました。

アメリカでは酔っ払いは滅多に見かけないが、ニホンでは、良く見かけるというものでした。

ご存知ニホンでは、酔っ払いのおじさんが飲み屋で悪態をついたり、叫んだりといったことを見かけますし、それでも「酔っ払ってたからね」で許してもらえます。

これが、アメリカ人にはまず信じられないそうです。

アメリカの学生の呑み方は、日本の学生のそれと似たような傾向があるようですが、アメリカ人は社会人になってしま

うと、絶対にムチャな呑み方をしませんし、たとえ酩酊して
もそれを人には見せません。彼女によると酔っていたり、
酔って通常と違う自分を見せることを極端に

　hide（隠す）

　する傾向が強いとのことでした。

　これは、自分が酒をコントロールするのではなく、酒にコントロールされているだらしのない人間ということになるようです。

　彼女自身のエピソードとして次のような話をしてくれました。

　初めて日系企業に就職しニホン人の上司についたときのことです。

　朝、会社に来ると調子が悪そうなので

「どうしたんですか？」

　と聞いたら

「ういー、いやあ、昨日飲みすぎて、気持ち悪いんだよー」

　と言われて唖然として目が点になった！　そうです。

　彼女の常識から言えば、そういうことは隠すことであり、まして部下に対して話すような内容ではないことだったからです。

　どうということではありませんが、こういった文化の違いを認識し、理解することが国際化の本当の意味するところかも知れません。

　よく「英語を理解すること」が国際化と言う人がありますが、どこまで英語を理解しても背後にある文化の違いを理解しないと本当の理解にはなりません。

　英語を理解したところで依然すれ違いが起こる可能性があ

ります。

「酔っ払う」ことひとつとっても日米は違う……ということ
です。

●カラメルとチャルメラは親戚！

都営地下鉄の駅などに置いてある無料雑誌『R25』（253
号）にカラメルとキャラメルの違いとは？が出ていて面白く
読みました。

カラメルソースというのはご存知のとおり砂糖に水を加え
熱して作るものです。

砂糖を200度くらいに熱して色づけをして、おなじみプリ
ンのカラメルソースとかコーラとかブランデーや黒ビールな
どの色づけや香りづけに使われます。

一方、キャラメルは、砂糖だけじゃなくてバターや生ク
リームを加えてカラメルよりも低い130度程度で煮溶かした
あと冷やして固めたもの。

英語では、カラメルはcaramel sauceであり、キャラメル
はcaramel candyということでモノは違いますが、英語の単
語は同じです。

caramelという言葉はフランス語から入ってきているので
英語読みではキャラムルとなりますが、フランス語読みでは
カラメルということで、それがそのまま日本語に別々に定着
しているというわけです。

なぜ英語読みとフランス語読みで分かれてしまったかはよ
くわかりませんでした。

カラメルは、語源は、ラテン語のcaramella（砂糖キビ）
から派生したスペイン語caramelo（カラメロ＝キャラメル）

だといわれています。

　日本への伝来は、天文年間（1532〜1555）にポルトガル人によって、カルメイラとして伝わり、カルメ焼きとして日本にも残りました。

　キャラメルは、アメリカで製菓業を研究し1899年（明治32）に帰国した森永製菓の創始者、森永太一郎によって伝えられました。

　さて、caramelという言葉、元をたどるとcaramelo（甘いもの）というポルトガル語（またはスペイン語）にたどり着き、それはカルメ焼きと関係がある、さらに遡ると、calamus葦（ラテン語）にたどり着き、サトウキビとの関係が指摘される、さらに葦で作った笛はcharamela（チャラメラ）といってそれは日本のラーメン屋さんのチャルメラにつながる……と壮大な言葉絵巻！！がありました。

●コーヒー一杯の風景

　Waffle Houseというチェーンレストランに行きました。

　ふつうアメリカのカジュアルな店は「おいしくない」が相場ですが、ここはコーヒーがおいしい。

　freshなやつをいつも頼みます。

　それでポットのコーヒーが残り少なかったりすると、なんと“バシャーッ”と捨てて新しく淹れ直してくれる。

　おー、もったいな〜い！　とありがた〜い！　が心の中で交互に点滅します。

　コーヒーが来ます。

　それとともにやってくるのがミルク。

でもその数が半端
じゃない。今回は6個
をドン。

ケースからワシ掴み
にして持ってきます。
「ミルク要ります
か？」なんて聞かれも
しません。

私はブラック党だから実はひとつも使いません。

他の客が使わなかったミルクを見てたらごみ箱行き。これ
らも捨てられる運命か……。

ちなみに、米国南部はごみの分別があまり徹底されていな
い。残飯も割れたビンもビニールもみそクソ一緒。すべて
landfill（埋め立て）へ。これじゃ資源の再利用も進まないわ
け……か。

おいしいコーヒーを楽しんだあとお勘定へ。

合計金額が＄2.05で5ドル札でお釣りを待ちます。

＄2.95のお釣りと思いきや1ドル札3枚3ドルポンで
Thank you!と言って調理場へ戻ってしまいます。

お釣りが多い経験は実はここだけじゃありません。

計算は機械がするから計算間違いはないのです。

細かいズレは「ま、いいってことよ」とお店が気にしな
いってことだろうと思います。

一杯のコーヒーにもアメリカの「鷹揚さ」と「いい加減
さ」がぎゅっとつまっているなあと思いつつ店をあとにしま
した。

●スーパーにアタマが売っていた！

　昨日、スーパーに出かけ、野菜を物色していると、おいし
そうなレタスが売っていた。こりゃぁ、うまそうだわと、野
菜好きの純じゃぱは、これを買って帰った。

　レタスの名前は、正式には

Red Leaf Lettuce

というもの。

　カリフォルニア産の立派な一コまるごとがビニール袋に溢
れんばかりに入っている。少し広げた傘のような格好をして
いる。袋をよく見ると、ややっ？　変なことが書いてある。

Contains 1 head

こりゃ、ナンだ？

文字通り純じゃぱはアタマを悩ませることになった。

なんだ、この"アタマ"ってヤツは？

　念のため英々辞典でheadを調べてみるとこうだった。

the foliaged part of a plant, especially when consisting of
a compact mass of leaves or close fructification

　（ある植物の葉の部分、特に多くの葉で構成されているまる
まるの部分）

　こういうレタスや白菜のようなものを数えるのはheadとい
う単位を使うということだった。

　たんすを数えるときに「ひとさお」「ふたさお」なんて数
え方をするが、これと同じように英語の世界にもこういうへ
ンな数え方がちゃんと存在するのだ。

改めてえいご道中の深さに驚いた純じゃぱだった。

●ネコっ可愛がり

日本にいる母から質問が来ました。

If you want the best seat in this house, move the cat.

これ意味わかるかい？というものでした。日本で、ある通りすがりの家の玄関に書いてあったそうです。

こういう意味じゃない？と伝えました。

直訳は「この家のベストな場所に座りたいなら、ネコをどかしなさい」

すなわち「我が家のベストな場所は（亭主でなく）我が家で一番偉いネコちゃんがいつも陣取っています。そこに座りたいのなら、ネコちゃんにどこかに行ってもらいなさい」ですね。日本で猫を飼っている家ならば良く聞く話だと思いました。

この家の居住者が愛猫家なのでこんなサイン出しているんでしょうが、このジョークについて、アメリカ人に聞いてみました。

「飼い主の意思」でその場所にネコをお連れして座らせているという「現代生類憐れみの令」的ジョークか、「ネコの意思」でネコが勝手にそこを占拠しているのを飼い主も「しょーがねーな」と思っている的ジョーク。

日本では後者だと思いますが、米国でも同じようにとらえられるかどうか。

　アメリカ人も後者だと言います。

　アメリカ人の認識として2つのことが言える。

　ひとつは、ネコは、selfish（身勝手）でarrogant（傲慢）、飼い主の言うことを聞かないものと考えられていること。

　耳は、たんに顔の一部で（飼い主の命令を）聞くための耳ではない、なんて面白いことを言っていました。

　もうひとつは、アメリカ人でネコを飼っている人はネコを溺愛している人が多いということです。

Dog makes you happy, but cat makes himself happy.

　というジョークがあるそうでイヌは『飼い主を喜ばせようとする動物』だが、ネコは自分ひとりで行動し、いわば『飼い主が喜ばせようとする動物』で人間と動物の関係が逆。それでもそれを進んで受け入れる飼い主が多いということです。

●入れ墨は入れ済です

　ときどき、洗濯物をもって、クリーニング屋さんに行きます。

　本日も山のような衣類を洗濯に出してきました。窓口のオンナの子は、胸の豊かな可愛い子。ついつい彼女に見とれていたら、ふと腕に鎖の模様のような入れ墨があることに気がつきました。よく見らたらそれは文字の入れ墨でした。

「ナニナニ？　ちょっと見せてくれない？　……」と野次馬根性丸出しで聞いたら、次のような言葉が書いてあった。

　We got no second chance in our life

　（人生に2度はない）

　い〜言葉じゃない？　なかなかこの娘もやるわね……とは思ったが、入れ墨にしたら一生消えないよと、陽気なアメリカ娘に感心するやら呆れるやらでした。

　日本人なら「肝に銘じて」となるんでしょうが、この場合、さしずめ「体に入れ墨をして……」てなところでしょうか。

　確かに何かをメモりたいとき、手近に紙がないとアメリカ人は直接手のひらに書いてしまう人が圧倒的に多いのには驚かされます。

　入れ墨といえば、ある笑い話を聞いたことがあります。

　あるアメリカ人

"Could you tell me how to write "cool" in Kanji?"
（cool ってぇのは漢字でなんと言うんだい？）

Do you know the meaning of "cool", don't you?
（coolの意味はわかってるだろ？）

　それに答えて日本人

Ya, I know that. I'll show you the Kanji like this.
（もち、知ってるさ。こう書くんだよ）

　と、日本人が教えた字は「寒」でした。

　そしたらナンと驚いたことに、そのアメリカ人、腕に「寒」の字をでっかく入れ墨してきて、友達に自慢をしていました。

　そのアメリカ人が教えて欲しかった漢字は、実は

　cool＝カッコいい

　いう意味の漢字だったのですが。

　もっとも、その意味を理解したとしてさて "どんな漢字が入れ墨に適当か" は自分でもクエスチョンマークですね。

「格好いい」ではヘンだし、「素敵」では意味がちょっと意味が違ってしまうかな。

●靴のツノ

　日本に一時帰国で帰ったときのこと。

　人間ドックの更衣室でとても久しぶりに見たものがありました。何だと思いますか?

　それは……靴べら。

　実は、アメリカでは公共の場で靴を脱がないので靴べらを見ることがメッタにありません。

　久しぶりだな!と思ううち「はて『靴べら』って英語でナンだっけ?」と思いました。考えてもなかなか出てこない。よく考えてみたら"知りません"でした。

　調べてみるとありました!

　shoehorn

　shoe(くつ)のためのhorn(つの)……。

　おぉ、なるほど、わからんでもない～!(笑)

　アメリカ人に「でも靴べらまず使わないでしょ?」って聞いたら「まず、そうだね、最近は」

　家庭で靴は履きっぱなし(人にもよる)だし外で脱ぐことはまずない。

　呑み屋で"靴の入ったビニール片手に"板敷きをうろうろなんてのは純じゃぱ系サラリーマンといっていいでしょう。

　昔の靴は、かかとの部分(topという。「靴の入り口」という意味で。つま先ではない)が高かったので家庭でも頻繁

に靴べらを使ったが、最近はloafer（原住民モカシン族の靴が源流でかかとの低い靴）なのでまず使わないなぁって言ってました。

　靴べらを表現するのに日本語は「へら」英語では「つの」と農耕的な臭いのする「へら」と狩猟的な臭いのする「つの」という表現に、またまた日米文化の違いを感じてしまいました。

　蛇足ですが、実はもうひとつアメリカに見かけないものがある。ナンでしょうか？　その答えは『傘たて』。

　車社会で傘を差すところがあまりない。持ち歩かない習慣となっている。多少の雨なら濡れて歩くのをいとわない。

　レストランで傘を持っていたら座席そばの床に置いておくか（笑）、高級なところなら預けることになるといいます。ちなみに『傘立て』はumbrella holderといいます。

●HGTVって？

　英語の文章を読んでたら

　HGTV

　って出てきました。ナンでしょうか。

　実はこれHome and garden televisionの略。

　文字どおり"家と庭"系。

　家の改装からインテリアや収納アイディア、そしてガーデニング等の話題しかやっていない○○のひとつ覚え的チャンネルです。

　HGTVを保有しているのはスクリップス。

　このチャンネルの他にもフード・ネットワークや日曜大工であるDIY（Do It Yourself）、料理、等ひとつ覚え系を朝か

ら晩まで流しています。

　アメリカにいたときにはこういう番組は即飛ばしでしたが、アメリカ人に週末何してた？と聞くと、部屋の塗り替えをやっていた……、庭の生垣を造っていた……などなどだいたい「家と庭」系でした。

　視聴者層としてはかなり厚いようです（腰が重い亭主が奥さんに日曜日の宿題と言われて日曜大工……という人も実際目立ちました。奥さんから頼まれる家庭内の仕事をhoney do job、それを5〜6個程度書いたリストのことをhoney do listというのだ……とある腰の重いアメリカ人の亭主（笑）は教えてくれました）。

　ま、とにかくそういう風土なのでHGTV番組は今後もアメリカでがっつり生き続けることになりそうです。

第2章　社会編

●まあまあは、So-soじゃないんだなぁ……!?

　How are you? と問われる。

　それに対して、日本式に「まあ、まあ」と答えようと思い、"So-so" なんて答えようものなら、タイヘンである。

　まず、アメリカ人が

"What's wrong with you?"（どうかしたの？）などと聞いてくる。

　辞書によれば、「まあまあ」は "So-so" ということになっているが、これはウソなのである。ニホンゴの「まあまあ」が意味するところと、英語のSo-soが意味するところには、逆の意味というくらいの大きなギャップがある。

　日本では、仮に「元気」だとしてもそれを控えめに「まあまあ」と答えることがままある。だから「まあまあ」はどちらかというと "Fine" の意味であることが多い。

　ところが、それを直訳してSo-soなどと言うと、とんでもないことになる。これはあまり、良くない、Not so good の意味であり、自分の言おうとしたところと違う意味でアメリカ人に伝わってしまう。

　こんな身近な挨拶の言葉にも、ニホンゴとえいごの間に大きな違いが横たわっていることに気付いたのは、純じゃぱが、アメリカに来てから相当あとになってからのことだった。

　本当に「まあまあ」と言うなら、せいぜい "Not so bad"

あたりが適当な答え方なのである。

●グッバイの"バイ"って一体ナニよ？

　純じゃぱにとってどうにもこうにも不思議なことがある。

　日常の挨拶と Good bye についての微妙な関係についてである。

　例えば、

　おはよう = Good morning

　こんにちは = Good afternoon

　こんばんわ = Good evening

　となるが、これらは、すべてもともとは、

　I hope you will have a good 〜〜 !!!

　という形だったと思っている。

　だから例えば good morning を例にとれば「すてきな午前中を迎えてください」が原意となる。

　しかし、さようならの Good bye は何だろうか？

　もし、上と同じならば、bye とは一体何だろうか？

　そこで、知り合いのアメリカ人に単刀直入に「bye」って何？と聞いてみた。

　彼は「away」の意味だろうと言った。

　そうだとすれば、「いい状態でお互いに away していよう」という意味の good bye はたしかに意味が成り立ちそうである。

　そうだったか！と一瞬思った。

　が、ちょっと待てよ……、今度は bye が、どうして away の意味なんだろうか？という疑問が出てくる。

　それでちょっと調べてみたのである。

　何と先のアメリカ人の説明は全くウソだったのである。

　ナンと、Good bye（good by）は

　God be with ye（you）

　（神があなたのおそばにおられるように）

　が省略されてできたものだったのだ。

　これが、最初に文献に出てくるのは16世紀（1575年）、ガブリエル・ハーベイ（Gabliel Harvey）という人の手紙に出てくるものである。

　曰く、

"To requite your gallonde of godbwyes, I regive you a pottle of hoedyes"

　少し古臭い英語だが、あえて訳せば「あなたの多くのさようならに対し、ワタシは、少しだけこんにちはをまた送ります」となるだろうか。

　この最後のhoedyesもHow do youの省略形だと思われる。

　その後、この意慢とも言うべきgodbwyesの綴りは〝市民権〟を得て人々によってさまざまな形で綴られた。

　例えば、

　goodwye, god b'uy, god buye, god b'wy

　というように……。

　ところが、これが19世紀初頭になると、先に述べたgood morningなどの挨拶の類推から人々によってgod　がいつのまにかgoodと綴られるようになってしまったのだ。

　ちなみに、

　Good Friday

　という国民の祝日がアメリカにあるが、これも同様の転化

が起こっており、もともとは、god Fridayだったのが、変わってしまったのだ。

　確かにgood Fridayというのは何が良い金曜日かわからず、いかにも変である。

　もともと印欧語の世界で違う意味を表していたgodとgoodであったが、中期英語では、どちらもその違う意味を持ちつつ同じくgodと綴られたことから人々の間に混乱が起きたと推定される。

　さらに「神は善良」（God is good）であるという類推から、その混乱はますます促進されていったのである。

　さてさて、その本来の意味からGood-byeは、たとえgodがgoodと混用されて綴られようとも、実は非常に敬虔な告別の辞であった。

　それが、次第に日用化し、次第にフツーの「さようなら」に成り下がってしまったのである。

　いまやアメリカ人と言えどもこのことを知らないし、このような古い起源に思いを致す人は少ないだろう。

　思えば1620年にこの未知の広大な大地にわたってきた清教徒たち。不安なしでは過ぎない毎日にあって、行動を共にできないときに、別れ際にGod be with youといって「常に神があなたと共に！」と切ない中に厳粛に願いあうその気持ちは、今の軽い〝さようなら〟からはとても想像できるものではない。

　この単なる挨拶と思っていたGood-bye。

　厳粛で宗教的な歴史があることを知り、改めて「〝さよなら〟のあと、次に会えるかどうかは実は誰も知らないのだ」

ということに気づかされたのである。

　人が毎日、会い、別れる、そこにひそむ本当の重み—それを Good bye の歴史が教えてくれた。

●汝が来たりてジョークを説きたり

　さすが米国南部はバイブルベルトといわれることはある。このど田舎にもプロテスタントの教会がそこかしこに林立している。

　そして教会という教会には、だいたい看板があり、そこに牧師の短い説教などが、掲げられていることが多い。見ていると週がわりのメニューとなっているようで、それはそれで、えいご道中を歩むものとしては、楽しみなのである。

　だが、そこに書いてあることが良くわからないこともあり、運転しながらちらと見るそれらの看板にイライラすることにもなるが、今日みつけたものは明快で楽しいものだった。その言葉とは、

　　Members only

　　Trespassers will be baptized.

（教会信者限定。無断で教会に立ち入るものは洗礼の罰を受けてこの教会の信者になることになる）

　これは、よくある「メンバー限定。無断で立ち入ったもの罰金！」式のノリで、書かれたユーモラスなメッセージであり、とても面白い。

　日本の初詣などで、白い看板に真っ黒い字で「神が来てあなたを裁く」などと書いて、ニホン人の良心の呵責に訴えるキリスト教の布教活動と比べるとだいぶん違う。

　教会だから、神聖な場所であり、冗談のひとつも言わない

なんて堅苦しいことを言わずにこのようなノリのいい看板を
掲げるアメリカ人のユーモアのセンスに純じゃぱは、大喝采
なのである。

●あたしはホステスのナ・オ・ミ

　会社の日系アメリカ人の同僚が入院したのでお見舞いに
行った。
　アメリカの病院は相部屋などはなく、患者ひとりひとりが
個室に入っている。ニホンに比べれば優雅に見えるが、彼ら
の感覚からすれば他人と一緒の部屋での入院生活なんてもっ
ての他なのである。
　日本でも増えたが職場でもそれぞれの机は、
　partition
と呼ばれる背の高い壁で区切られている。エラい人になる
と窓際の個室になる。アメリカで「窓際族」は確実にエラい
ことの象徴である。
　それと似ているなと思いながら病院の廊下を歩いていった。
　同僚の病室に着くと白板がかかっていることに気がついた。
患者さんの世話をする看護師の名前が書かれている。
　ローテーションをしているせいか、名前は頻繁に変わるら
しい。
　その白板いわく
　Nurse：Mary
　これはいわずと知れた看護師さん。今は、メリーさんが担
当らしい。次に
　Tech：Lucy
　これは、Technitianの略。点滴などの装着や設定をしてく

れるどちらかというと機器まわりの面倒を見てくれる人のことだ。今はルーシーさんだ。

　ニホンでは、テクニシャンといったら、ギターがうまい演奏家や女性をたぶらかすのがうまかったりするヤツのことをいうが、れっきとした職業名である。

　そして最後にこれを見て純じゃぱは驚いた。

　Hostess：Naomi

　ホステスがいたのだ。しかも直美さんだ〜！

「病院にホステスさんまでついてるんだ！　いいね〜！」と純じゃぱ。

「馬鹿いうんじゃない。病院のホステスは『身の回りの世話をしてくれる人』だよ！」と滞米40年になる同僚。

「でも、病院にニホンゴの意味のホステスがいたら、病気もすぐに治るかもネ」とふたりで爆笑した。

　家にお客を招いた場合、男主人がhost/女主人がhostessというのが本来の意味だ。

　hostessは、他にもホテルの女性支配人/宿屋の女将/レストランの女支配人なども意味すると辞書にはある。

　病院のホステスの意味は載っていないが、病院にもちゃんとホステスはいるのである。

　この場合、患者さんをお客さん、病院が招待したと見立てた上で、身の回りの世話をする人をhostessと呼ぶようにしたのが起源ではないだろうか。

　ニホンゴのホステスは夜のバーなどに限定されてしまっているが、本来は、もっと広い場面に使用されるのがホステスなのである。

　ところで同僚のホステスの名はNaomiさん。
「へーぇ、このアメリカのクソ田舎にも日本人の女性が働い
ているんだねー」と純じゃぱ。「言葉が通じていいじゃん」
「ナニ言ってんのよ！ Naomiさんは、日系じゃなくてれっ
きとしたアメリカ人だったぞ」と同僚。
「ええ？　ほんと？」と純じゃぱ。

　真相は、こうだった。
　日本人の直美/尚美さんは英語でNaomiと綴るが、実は英
語の世界にもオリジナルな名前としてNaomiが存在するの
だ。
　Naomiという綴りが同じなだけであって、本来、アメリ
カ人にもある名前なのだ。当然発音も違っていて〝ネイオウ
ミー〟のように発音する。
　Naomiという名前は英和辞書にも出ている。
　このNaomi、実は、旧約聖書にも出てくる由緒ある名前
なのである。それで、それにちなんでアメリカ人の親が子供
に付けるのである。
　帰りにそのホステスたるナオミさん（純じゃぱのアタマの
中では直美さん）にばったり会ったが、とてもふくよかな、
言いかえると太目の黒人女性だった。

●Off you go……
　ある女性のアメリカ人がボクのところに来て、「これ貸し
てあげる」と言う。
　何？

　見てみると、日本映画「誰も知らない」（注）のDVDだった。まだ見てなかったので、早速お言葉に甘えて見せてもらった。

　1988年の東京で実際に起きた事件（西巣鴨子供4人置き去り事件）をベースにしている。父親が全員違う子供4人が水商売の母親に置き去りにされて自活していくうちに、困窮し生活が荒れてしまう。最後には一番小さい子供が死んでしまい、飛行機の見える空港の脇にそっと埋める、という悲しいストーリーだ。

　そのなまなましい日本的世界が、そのまま英語になってサブタイトルで描き出される。

　貸してくれたアメリカ人によれば、翻訳された英語は違和感がなかったという。

　ひとつだけ違和感があったのは、日常の挨拶だ。

　作品中で、主人公たちは、必ず、「いってらっしゃい」「いってきます」「いただきます」「ただいま」などの日本の生活習慣に根ざした言葉を発しているが、それらの言葉もひとつひとつ英語にも翻訳される。だが、それらはアメリカの生活にはないものだ。

　例を挙げるとするならば、「いってらっしゃい」は、

　Off you go!

　と翻訳されている。

　アメリカではこの英語は使わない。習慣がないし、言ったとしても、Good bye! または、See you later だという。

　映像そのものも自分は十分に楽しめた。言葉も日本語だから120％わかった。

　しかし、この off you go の例を見て、アメリカ人が翻訳を

通じて観るこの映画をどの程度、理解できるものだろうか、とふと思った。

「いってらっしゃい」にこめる話者のウラの感情や言外の意味。それらをセットにしての「いってらっしゃい」が「いってらっしゃい」だ。

英訳があってもその情感は理解はしえないだろう。無理に言葉を翻訳しても、その背景にある文化まで覗くことは難しいだろう。

映画の発言をすべて翻訳しても、それは、おそらく映画が発するメッセージの重要なもののいくつかは拾えていない。

そのことをOff you goが教えてくれたような気がする。

（注）この映画は、是枝裕和監督、少年である柳楽優弥（やぎらゆうや）主演。柳楽はこの映画で2004年カンヌ国際映画祭最優秀男優賞をとった。

なお、この映画では、子役たちに監督は台本を渡さなかったという。その日に、こんなせりふ言ってみて、のような感じで撮影した。確かに作品中では、自然すぎて映画というよりドキュメンタリーのような感じさえした。

日本映画に特徴的なことは、セリフがない時間が長いこと。映像で何かを言おうとする場面がかなり長い。ハリウッド映画にはない特徴だと思う。

●えっ？　ボクってStranger?

2日ほど出張した。会社に戻り社長秘書と目が合ったら、なんと次のように言われたのだった。

Hey ! Stranger !

　この言葉をかけられたとき、純じゃぱはアタマをこん棒で殴られたようなショックを受けたのだった。

　美人秘書からstrangerと言われるとは……。もちろんstrangerは「見知らぬ人」「よそから来た人」の意味だ。

　純じゃぱは、いわば

「あなた2日ほどいなかったわねえ。出張から帰ってきたのに挨拶がないわ。失礼よねぇ。あなたの顔なんか覚えてないわ！」

　と言われたと思ったのだ。だって、そうだろう、アメリカ人からニコリともされずにこのような言葉をかけられたらそう思う。確かに挨拶は忘れてしまったのだが……。

　ホントのところどう思っていたのか、恐る恐るその美人秘書に聞いてみた。すると次のような答えが返ってきたのだった。

「うふふ、誤解よ。エイゴでは『あなたの顔を見なくてさびしかったわ』の意味をこめてわざと「stranger!」って言うのよ。数日間、顔を見ない場合に言ってもいいけど、冗談で言うのだから数時間程度顔を見ない場合だっていい。とにかく親愛の情を込めてそう言うのよ」

　と言うのだ。

　良かったぁ〜！　一瞬、ホントに嫌われてしまったのかと思った。それなら笑顔で言ってくれればいいのにと真剣に思ったのだった。

　いずれにせよ、あからさまに『よそもの』と伝えることで、逆の意味を伝える「ジョーク」だったわけだ。日本でも、このように逆の言葉で本来伝えたい意味を強調するコミュニケーションは、しばしば見かける。

　純じゃぱにとってはエイゴのジョークはなかなかやっかい
な存在だ。母語のニホンゴでは「ジョーク」と「マジメ」の
切替が自由自在だが、世界が「英語」になった途端、ヘンに
教科書的な「マジメな世界」になり「ジョークの世界」は教
科書にも参考書にも出てこない。これは日本における硬直的
なエイゴ教育のなせるわざか、純じゃぱの陥る悲しい習性だ。
　加えて純じゃぱにとって、どういう場面でジョークとなる
のか、その間合いがよくわからない。よってジョークが
ジョークとして聞こえない。アメリカ人と話している時に、
相手のジョークなのに「なるほど」などと、したり顔でうな
ずいている。言ったアメリカ人は、ウケないので「ナンだ、
こいつ！」となって笑いが消える。そんな"笑えない"場面
がしばしば出てくる。
　その場その場で"体験学習"しながら雰囲気を理解し使い
方を体得していくしか方法はない。そのピンポイントを確実
にモノにしないとコミュニケーションが取れないという点で
は、「ジョーク」もバカにはできないものだ。とにかく
「ジョーク」は自転車や水泳と同じく、机上の理屈は役に立
たなさそうだ。
　とにかく……。あなたが、"Hey! Stranger!"とアメリカ
人の友人から言われたとき、そのときは少なくとも本当の
strangerではなくなっているのです。
　それって、とても strange?

●わたしたちを許して！
　中学の英語の教科書ではこのようにでていた。

　すなわち

　すみません＝Excuse me, sir

　である。

　これを何度も口の中でぶつぶつ暗記させられたものだ。

　その後、高校生になって「英語を一週間でマスターする本」などという魅力的な本が大量に出版されていることに気がついたのだが、この "本当なら100万円だしても買ってしまうような本" などでも下のような例文にあふれかえっていたのだ。

〈たとえば、あなたが道に迷った場合〉

Excume me, sir, but could you please tell me the way to the station?

　こんなふうであったから、純じゃぱの頭は「すみません＝Excuse me」が「公式」であり、これ以外はルール違反だ、が刷り込みとなった。しかしそれが、アメリカに来てとんでもない自分のルール違反であることに気がつかされたのである。

　自分ひとりのときには、確かにこれでいい。

　ところが、誰かと一緒に歩いているとき、たとえばデートなどをしていて、相手にちょっと道を譲ってほしい、少し間を空けてほしいなどと言うとき、アメリカ人たちは、

Excuse us?

　と言うのだった。

　これには目を白黒、頭はまたまた機能不全になってしまったのであった。

　そうして考えた。そうなのか！ Excuse meは「自分を許して！」が本来の意味だから、二人以上の場合には、

「Excuse us」でなくてはおかしいのだ。二人の場合、Excuse meでは、自分は許してもらっても、もうひとりの相棒は失礼を許してもらうことがなくなるということでルール違反となるのは当然のことなのだ。

　ちなみに手元の和英辞書ジーニアス和英辞典（第2版）〈大修館書店〉で、「すみません」を引いてみる。

　I'm sorryやpleaseと並んでExcuse meが、でかい顔をして載っている。しかしながらExcuse usはその記載もない。

　辞書は複数の読者が同時に閲覧することはない。常にひとりの読者を意識して書かれている。したがって、そのひとりの読者が必要とする「一人称の情報」しか書かれていないという恐るべき事実に、今さらながらに気がついたのである。

●うそっ！　白昼の銃撃戦！

　今日はアメリカでは危険と隣り合わせだってことを感じた。

　今朝の地元の新聞は一面大見出しでSHOOTOUTを伝えた。ニホンゴで言えば、街中での銃撃戦ということだろう。それが、このアメリカの田舎町で起きたのである。

　事の真相はこういうことらしい。

　ある発砲事件で手配されていた黒人の容疑者が赤いカマロに乗って街中を走っていたところを警官に呼び止められた。運転していた容疑者は、職務質問を受ける段になって興奮し始め、突然持っていたピストルを警官に向けて発砲した。これに対し、連絡を受けて到着していた他の警官たちとしばしの銃撃戦になり、最後にその一発がこの容疑者にあたったというものだった。

　この容疑者は近くの病院に運ばれて、手術を受けている。

少なくとも5発の銃弾がカマロに打ち込まれたということだ。
　新聞一面左上には、数人のピストルを持った警官が背後からカマロに迫っている様子が写っている。まるでハリウッド映画のようだ。
　そして一面の大写真には容疑者が撃たれてクルマのそばに倒れており、救急医療を受けている様子が写っている。
　小見出しにはこのようにある。
Suspect in shooting opens fire on officers at busy intersection
（発砲事件で追われていた容疑者が雑踏の交差点で警官に向かって発砲）

Man hospitalized after officers return fire, bringing gun battle to an end
（容疑者は警官との銃撃戦ののち負傷、病院へ）

　そうか、発砲するというのはopen fire on 〜というんだな。また、敵に撃ち返すことはreturn fire っていうんだな。
　returnで何かもらったものを返すようなイメージだけど銃撃戦にも使うんだななんて思ってしまった……。
　ところで街の人たちのハナシも少し掲載されている。

I was watching TV and thought I heard firecrackers. I didn't know what was going on, I have never seen anything like this before, It's like something you would see on TV.
（テレビを見てて、そしたら何か爆竹のようなものが鳴ったと思ったんだ。何が起きたのか全くわからなかったよ。こん

なこと見たことないね。まるでTVを見ていたようだったよ）

　以上がことの顛末である。
　ニホンなら、突然職務質問を受けてもせいぜい刃物であり、鉄砲を持っているのは反社会勢力というのが相場だが、誰でも銃が手にはいるアメリカではこういうことが普通に起こりうるということを実感したのである。
　まあ、この銃撃戦が、新聞の大見出しでニュースになったりするぐらいだから、この田舎町はやはり一級の田舎町ということなんだろう。
　住人の反応を見ても、やはりそのようである。
　近くのアメリカ人に、結構、頻繁にあるのか尋ねたら
　very rare
　と言っていた。
　時に、純じゃぱは「ピストルや銃はみんな持っているものなのか？」とアメリカ人に尋ねたことがあるけれど、だれもが、猟銃なら持ってるかも知れないと建前的に答えるのが気になる。
　銃を所持しているかどうかは、少しく sensitive な話題なのかも知れない。

●耳あかの英語に見る人類学的考察?!
　ある年の１月末ごろ、新聞を読んでいて面白い記事にあたった。
　長崎大学の研究チームがある発見をした。それは、遺伝子のわずかな違いが「人間の耳あかが乾燥するか湿るかを決める」ということだ。

　チームは、日本人を対象に調べた結果、16番染色体にある遺伝子ABCC11の3箇所にある塩基物質が耳あかの性質を決定するということを見出した。

　その塩基が生物の授業で聞いた覚えもある「グアニン」という物質だと耳あかが湿り、「アデニン」という物質だと乾燥するということらしい。

　実は日本人の70-80%は、耳あかが乾燥しており、一方、欧米人の耳あかは殆どが、湿っている。

　俗に日本人の耳あかは「粉みみ」、欧米人のそれは「飴みみ」とも呼ばれる。

　この話を聞いて純じゃぱは、そ〜かぁ！と膝を打った。

　何を思ったか？

　実は「耳あか」は英語で

ear wax

というのだ。

　実は前からなぜ「耳あか」が"ear wax"になるのか不思議で仕方がなかった。

　waxは、クルマに塗るwaxと同じでローソクの蝋（ろう）という意味だが、自分の耳あかを見てもどうしてもwaxには思えなかったのである。

　英語には理解できないことが多いから、これはこれで覚えるしかないのだなと思っていたぐらいだ。

　だからこの発表の記事を見た瞬間、永年の難問が解決された気がしたのだ。

　英語圏の人たちの耳あかは「ろう」のように湿っているものだから、ear waxというわけで、不思議でもナンでもない自然な英語というわけである。

たかが、耳あか、されど耳あか。

　人類学的な相違を知らないと十分に英語を理解できなかった……わけである。

　ニホンゴと英語の間に言葉の違いだけではない大きな淵があるような気がするのは実にこういうときなのだ。

●**風向きは勝負で決めろ！**

　高校生のころ、教科書を読んでると現れるヘンなやつ。

　例えば、数学で登場する「確からしさ」。

　こんな日本語は聞いたことがない。

　最初から「確率」って言ってほしい。

　ふだん、確からしさなんて言葉使う人がいるかい？

　あるいは「場合の数」。それって日本語なのか？

　人生、教科書以外では会ったことないそれらの言葉……。

　英語でもそうだ。

　複合関係代名詞とか言って「ところのもの＝what」。

　難しすぎる。

　これらは、突然現れる「それははたしてニホンゴですか？」タイプの日本語たち。

「ふつう、あまり使われませんが……」なんて挨拶はない。

　突然、「わかるだろ」と現れでかい顔をして教科書に座っている。

　先生は「なじみないかも知れんが」と紹介し、突然、仲良しを強要される。

　紹介された言葉たちも平気な顔をして勉強について回る。

　何年たっても、日本語としてなじまない。

　こんな言葉に出くわすと、何で、こんな日本語がデカイ顔

してるんだ？とますます勉強嫌いになる。

　前置きが長くなったがそんな言葉たちの中に地理で習った
「卓越風」（ある地方で決まって吹く風）があった。

　誰だってこんな言葉が中学の地理の教科書に出てきたら、
驚くだろう。

「卓越」＝「勝つ」という意味をどうして無理に風につけた
のであろうか？

　すなわち何故「風の方向」に「勝負」を持ち込んだか。

　百歩譲って「卓越風」の意味は理解するとしよう。

　しかし、なぜ、そんなコ難しい言葉を使うのか？

　例えば "主風" とか "偏向風" などの言葉の方が十分に意
味が表されるし、明快ではないか？

　当時、こんな疑問がこどもゴコロにあったと思う。

　先日、米国のある市の紹介本をペラペラと見ていて、ある
言葉にくぎ付けになったのだった。

　そこは気候が総括されており、平均気温やら降水量やらが
書いてあったのだが、あわせて次のようにあったのである。

Prevailing wind : South East

Prevail とは、「勝つ」「優先する」の意である。

イラク戦争時には新聞に

We prevail

などと新聞に載るなど、「勝つ」を意識する言葉だ。

ややっ !?

Prevailing winds →勝つ風→卓越風

ではないのか？

　事実はこうではないかと思う。

　すなわち地理学／気候学／気象学の研究者によって英語の
Prevailing Windsが日本に輸入される。

　和訳するにあたって適当な言葉が見当たらない。

　直訳の「勝利風」では何だか格好が悪い。

「勝利」の文語、「卓越」を持ってきたら座りがよくなった。

　わけのわからない分、学術的な匂いもする（笑）……そう、
英語のコピーだったということだ。

　ン10年もの間、どこかに冬眠していたこのナゾが市のパン
フを見た瞬間に、なんだか、すーっと解けたような気がし
たのである。

● 道路の前で橋が凍る？

　アメリカに来て、まず理解しなければならないのが交通標
識。

　ニューヨークなどを除いた米国の99％の地域ではクルマ
をまともに運転できなかったら、買い物にいけないから餓死
すること必定である。

　標識はどれもフツーに理解できるものばかりだから助かっ
たが、純じゃぱには唯一の例外があった。

　この標識。

　何度読んでも before
のところがよくわから
ない。

　道路の前で橋が凍
る？と読める。

　標識は誰にもわかる
ように書かれているは

ずだ。

　自分にはよくわからない。

　この標識を見るたびに事故を起こしそうになるので、ある日、アメリカ人に尋ねてみた。

　そうしたら「ふん、何が難しいの？」と言いながら教えてくれた。

　曰くこの文章は、最後にICESが省略されているんだよ。

　だから正式には

　BRIDGE ICES BEFORE ROAD ICES

　という文なのだよ。

　それでもよく純じゃぱにはわからない。

　それで？

　ICESは、「凍る」という動詞なのだよ。

　ほー、ICESは凍るという動詞だったのかぁ。

　それはそうかも知らん。日本人はあまり使わない動詞だが。名詞以外は。

　それが"三人称単数現在"でSが付いている。それでもまだよくわからない。

　beforeが。

　before ってナニよ……。

　そしたら逆にえっ？って顔をされてしまった。

　before は before でしょ。

　時間的に before ってことでしょ！

　あぁ、そーかぁ！とやっと純じゃぱは理解したのだった。

　道路が凍結する以前に橋が凍結しますので道路が凍っていなくても橋は上下から冷やされ凍結することがあるので橋を渡るとき注意を！という注意書き。

　クルマを運転していて出会う標識だからbeforeを、前方不注意みたいな感じで「空間的な前後」と理解していた私がバカだった。

　beforeには「時間的な前後」という意味での前という意味があることをすっかり忘れていたのだ。

　周りにいるニホン人にこの話を恥をしのんで聞いてみた。

　そしたら私同様「何言ってるのか実はよく理解してなかった」と言ってくれた。

　その一方で「あんなもん、すぐにわかったよ。ナンでわからないの？」という人もいた。

　一度、思考のワナにハマると抜け出せない石頭ぶりを自覚したのだった。

●えっ？　自分にI'm sorry?

　中学で英語を始めたとき、まず習った言葉のひとつに「ごめんなさい＝I am sorry」がある。

　これを聞いたとき「おー、そうーか！　これはいい！」と思った。

　この言葉を知っていれば、外国に行って何かトラブルに巻きこまれても「アイ・ム・ソーリー」と言えば誰かが助けてくれるだろうと思ったからだ。

　この一言が万能に思え、中学生の心にも大人の社交性気分を植え付けたものだった。

　アメリカに来てアメリカ人の友人ができた。

　そしてそのお母さんとも親しくなったある日、彼女は心臓発作で亡くなってしまった。

　大変驚いたが、そのことを会社の同僚のアメリカ人に話を

した。

　His mother suddenly passed away last night.

　という具合だっただろうと思う。

　そうしたら、同僚は、何と

　I'm sorry…

　と言い放ったのだった。

「えーっ!?　なんでこいつ、あやまるんだ?!」っと目を白黒。

「彼女が死んだのはおまえさんのせいじゃないのに」って思った。

　それがニホン人の仲間うちでも話題になり「人が亡くなるとI am sorryって言うんだねぇ」なんてみんなで感心したのだった。

　英語教育が悪かったかどうか知らないが、純じゃぱはI'm sorryの本質を知らなかっただけだった。

　回りの日本人もみなそうだった（←やはり英語教育が悪かったか？）

　I am sorryとは「私は（その事態を）残念に思う」が原意であって、その広い応用のひとつとして、「ごめんなさい」があるのだ。

　アメリカに来て初期のことだったので、それ以降は「I am sorryとは、『ごめんなさい』じゃあないんだよ」なんて後からやってきた日本人に得意気に話したりしたものだ。

　ところが、つい先日、また、別のI am sorryに出くわして大変びっくり、ってことがあった。

　地元の空港で搭乗手続きをしていたときのこと。

　その地上職員のおばちゃん、さかんに咳払いをする。それ

こそ10秒おきってな具合であった。そのため手続きの方も
ふだんの2倍はかかるといった超不調ぶりで会社休んだほう
が絶対いいって思ったくらいだ。

　ちょっと可哀相に思ったフェミニストの僕は「ノドがやら
れてるネ」と言うと
「そうなのよ、副鼻腔炎（英語ではサイネスという）でね
〜」とおばちゃん。そこですかさず
　I'm sorry"
　と僕。
「そんな状態を残念に思います、大変ですねえ」と。
　そうしたら、彼女、あろうことか大きくため息をついて、
「そうなのよ〜、わかるでしょー、この辛さ〜！」という気
持ちを満面に表しながら目をつぶって、息を大きく吸って
……
　Me too!!!
　と言ったのである。
　I am sorryの原意は知ってる。
　しかし、これは「他人に対して言うもの」と思っていた。
　ところがこのおばちゃん、自分の状況に対しても "I am
sorry" と言ったのである。
　これには、もうびっくり！
　そっかーなぁ、I am sorryは、自分にも言うもんなのか
〜！とひとりクビをかしげつつ機上の人となったのであった。
　そしてあとから「あっ！」と思ったのだ。
　もしかしたら、あのme tooは、咳をした彼女が「客であ
る私に対し申し訳ない」との意味で言ったんじゃないかな？
　そう思い、周りのアメリカ人に聞いてみた。ところが、や

はり彼女自身に対しI'm sorryと言ったのだろうという。

　確かにボクの目から見てもそのように言っているようだった。

　アメリカではcasualな場面でよく自分に対してsorryという気持ちを表すことがあるというのだ。

　もし、客である私に対してあやまるなら、I'm sorry to bother youと丁寧に言ったんじゃないかな？と教えてくれるアメリカ人もいた。

　う〜ん、まだまだ、えいご道中、先は長い。

● ローマ字はうそだった！

　アメリカ人が、ローマ字で書かれたニホン人の苗字をまともに読めないということは純じゃぱにとってアメリカ七不思議のひとつであった。

　これは例えば「榊原（さかきばら）さん」のSakakibaraを見て、アメリカ人が"お手上げ"というのとはちょっと違う。つまり簡単なのに読めないということなのだ。

　まずニホンゴの苗字のアタマにiがくるタイプが駄目なのである。

　例えば、岩本さんという人がいるとしよう。

　岩本さんは、ローマ字ではIwamotoと書くだろう。ところが、アメリカ人には、これはイワモトと読めない。まず、アイワモトとなる。

　岩村クンという後輩がいたが、彼もアメリカではミスター・アイワムラと呼ばれていた。

「オレの名前はイワムラっていうんだが……それを英語でうまく説明できない」って悩んでいたのが懐かしい。

　これはIowa州があり、アイオワと読むからということから類推できるかも知れない。

　iが必ずしもアタマになくても駄目な場合もある。

　三田さんっていう人も居たが、この人も最初まともに呼ばれていなかった。マイタって呼ばれていた。Mitaと苗字は綴るしかないが、これもiがアイと発音されてしまい、マイタと読まれてしまうのだ。

　もっと複雑なのもある。

　それが、苗字にウを含むニホン人の名前だ。

　例えば宇山さんという人がいる。

　ニホン人は、何のためらいもなくローマ字でUyamaと綴るだろう。しかし、これをアメリカ人が見ると必ず次のように発音する。

「ゆやま」と。

　内山さんも必ずゆちやまさんとなる。

　この場合は「i」を「い」と呼ばせるのに苦労するのとはちょっと事情が違う。

　というのもUという文字には「う」の発音はなく、文字どおり「ゆー」の発音しかないからなのである。

　ということは、永遠に宇山さんは、英語としてちゃんと読んでもらえる名前を文字として持てないという恐ろしいことになるのだ。

　Uyamaという綴りはそのまま湯山さん用に譲らなければならない。

　本当に「ウ」と発音する文字がないのか?

　アメリカ人に尋ねたが「ない」という。

　だから「U」という文字は、「う」を示すことにならない

のだ。

　われわれが小学校のときに習ったローマ字はウに関しては実はうそだったのである。

　一緒に働いているKeithは、「一番近い「ウ」の発音の候補といえば、woだろうな。同じではないが」と教えてくれた。

　これでは「ウオー！」であろう。しかし一緒に働いている美人社長秘書は「そーねー。一番近いものは、Oohではないかしらねぇ」って教えてくれた。

　でもニホン人の感覚ではこれでは「うー」であって、「う」とはならない気がする。

　日本軍が太平洋戦争の末期に玉砕した硫黄島（いおうじま）は名前に「う」を含み、英語ではIwo jimaと綴るが、この場合、「おう」を合わせて「WO」で済ませてしまっているのであまり参考にならない。

　逆にある意味、発音ぴったりの英語の綴りかも知れない。

　いずれにせよ、やっぱりその発音の文字は存在しないのだ。

　先輩に宇井さんという人がいる。

　それで自分の苗字をUiと綴っている。

　やはりこの人もアメリカ人にはミスター・ゆいと呼ばれるそうだ。それでは由井さんになってしまうので、いつも次のように説明しているそうだ。

　Uiと書いて「ゆい」ではなく「うい」と発音してください。なぜならU（＝you）とI（＝I）でWe（我々）。Weは「うい」って発音しますから……。

　私はこの話を聞いて、思わず、うまいっ！って叫んだのだった。

●NYで気づいたおかしなニホン語ルール

　先日、ニューヨークに自分へのご褒美で行ったとき、ある店でみつけたジャケットがこれでした。思わず、"面白い！"

　ニホン人なら誰でもちょっと変だなと思うでしょう。

　しかし作った人は真剣だったと思うと複雑な気分になってしまいます。

　最近アメリカ人にもニホンの文字をありがたがる風潮が出てきていますのでこれを間違いとも知らずに喜んで買っていくのだろうと思います。ニホン人でも面白がって買う人もいるかも知れません。

　ナゼこのような間違いが起きるのか考えてみました。

　これを作ったのはアメリカ人でありアルファベットが縦に並べても横に並べても意味をなすことから、ニホン語にも同じ類推を働かせたのだと思います。

　例えば、APPLEは横でも縦でもAPPLEの意味をなすわけで、同じ発想で、縦に並べたのではないかと思うわけです。

　純じゃぱのワタシも、この伸ばす音（長音といいます）を示す「ー」だけが、縦横で向きを変えなければならないという日本語の規則に今改めて気がつきました。

　他の文字が縦横関係なく書いてもOKなのにこれだけが、書き方で"ムキを変える"とは、きっと英語圏にいる人にしてみれば、奇妙で、同じ文字として理解してもらうのにはかなり難しそうだ、という感じがします。

68

　反対に作者からは、これはルール違反といわれかねない要素も含んでいます。

　ニホン語の面白いルールにふと気づかされた謂わば、"言葉の逸品"でした。

　いつも純じゃばとして日本語と英語のハザマの深さに驚きの連続なわけですが、今回は、英語と日本語のハザマに驚いたってことになりますね。

　ところで日本ゲームって何のこと？

●眠れる森の「足」

　足を組んで電話をしていたら、いつの間にか足がしびれていた。受話器を置いたあと、すぐに会議だというのにうまく歩けな～い。廊下を"びんびん"くる足を引きずって歩いていたら、たまたま通りかかった社長さんの美人アメリカ人秘書曰く

「ハイ、純じゃば、どうしたんですか？」

「いやあ、それが電話をしていたら足がしびれちゃって」と英語で言おうとして、はてはて「英語でいえねー……」

　そういえばこんな英語使ったことがなかった！

「ほら、ずっと同じ姿勢でいたら足がじんじんしてしまって、あれって英語で何て言うの～？」

　って何とか説明して聞いてみたら、その美人秘書「そうね」って考え込んでから

　My feet fell asleep

　って言うわね～って教えてくれた。

　英語で「足がしびれた」というのは、足が寝た！というように言うんだ！　しかし、あのしびれた状態でも寝ているっ

ていうのか。

「今度しびれたら私に英語で言ってみてね!?」と美人秘書
……。

　辞書で引いて見ると他にも

　My feet has gone to sleep　とか

　My feet are asleep　とか出ている。

　要するに「足が寝た」って言えばイイみたいだ。

「頭が寝て」いる純じゃぱでも勉強になった昼下がりの椿事
でした……。

●これがホントのマルチ商法？

　先日、道を走っていたら、このような看板を見つけた。

　Mulch

って何？って思った。
英和辞書で引いてみる
とマルチ・マルチング
となっていて、これで
は翻訳にならない。

　調べてみると木々の
根覆いをするというこ
とだ。最近はようやく日本でも一般的になりつつある。

　藁（わら）や、落ち葉などで木の根を覆うこと、根を覆う
材料、そして根を覆うという動詞にも使う言葉だ。土が日照
で乾いたり、はたまた強い雨で土壌が侵蝕されたり、雑草が
生い茂るのも防ぐためにガーデニングでは重要な役割を果た
す。

　もちろん景観をよくするのも役立つ。

それで、先日、スーパーに出かけたら、これが売っていた。

cypress mulch

だから、杉の葉っぱをマルチに使うために販売しているのだった。これ以外にも木の皮なども売っていた。

これこそホントのマルチ商法ですね。

●帰るとき「メニューいかがですか？」

先日、レストランに行った。帰り際に、ウエイトレスが、メニューが必要か？って聞いてくる。

ナヌ？　もうわれわれは帰るんだが！

何度か言葉を応酬しているうちに、やっとわかった。

向こうは、「持ち帰り用のメニューが必要か？」と聞いていたのだった。持ち帰り用のメニューのことを

to go menu

というのだった。

聞いた方はすったもんだした揚句に答えが「NO」だったのだから「ンだよ！　お前たち……」って思ったかも知れない。

アメリカで庶民的なレストランに行くと、その店のメニューが、店頭にたくさん印刷して置いてある。デリバリーサービスを利用するお客さん用でもある。それだけアメリカ人はデリバリーで済まそうとする人が多いということだ。

　ちなみにMcDonald'sなどのハンバーガー屋さんに行くと「ここで食べますか、テイクアウトですか？」の意味でFor here or to go?　とアメリカでは聞かれる（テイクアウトとは言わない）。

　そのto go用に使うメニューだからto go menu

　あたり前と言えば当たり前なのである。

●わたしを持ってくれてありがとう

　先日、ラジオをつけたら、ある視聴者参加の番組が始まりました。それで、声の参加をしている視聴者が、お礼を述べていました。

　Thank you for having me!

　おぉそうか、番組に自分を登場させてくれた相手に対して、このようにお礼を言うんだなと思いました。

　昨日、TVでCNNを見ていたらアンカーマンが中東に行っている特派員に対して状況報告を依頼し、一連の報告が終わったら、その特派員は、彼に対して、

　Thank you for having me on.

　って言ってました。

　この場合は最後にonをつけていました。

　ま、必ずしもラジオやTVだけでなく、自分を仲間に加えてもらった場合などにも使えそうなえいご的な表現ですね。

●Simpleはシンプルじゃない

　先日、あるニホン人が、プレゼンで

　This system is MORE simple（このシステムの方がもっとシンプルです）

　なるほど、しかし、「それを言うのなら、simplerではないの？」

　simpleという形容詞の比較級がよくわからなかったので、周りのアメリカ人何人かに聞いてみました。

　そうしたら、実に面白かった。それは……

・その1

　正しい英語はsimplerだと思うし、自分もそのように言う。more simpleというのは、ドウ見てもヘンという人。

・その2

　simplerだと思うが、more simpleも聞いたことがあるのでヘンだとは思わないという人。

・その3

　書きことばはsimplerでなければならないが、話し言葉ではsimplerでもmore simpleでもどちらでもいいと断じる人。

・その4

　more simpleが正しいと思っていて、それをフツーに使っていて、simplerは明らかに変だと思う人。

・その5

　simpleは2音節なので、絶対にmore simpleが正しく、simplerというのは認められない。もちろん自分では絶対に使わない。

　などなどなど……

　実に、千差万別、我田引水、牽強付会……。

　ニホンの英語教育の厳しさと比べるとナンとまあ、おおらかなんでしょう。

　手持ちの辞書によるとsimpleの比較級は「simpler、だが時にmore simple」と書いてありましたので、事実上、両方

が認められているようです。

　インターネットの検索では圧倒的に「simpler」が多いようでした。

　more simpleもありましたが、どちらかというとmore simpleのあとに名詞が来るような場合の用例が多かったように見受けられました。

　例えば、I need more simple theory…などという場合です。リズム的にその方がしっくりくるからなのかも知れませんし、意味の力点がtheoryという名詞にもかかってくるということかも知れません。

　ちなみに手持ちの文法書を調べてみたら1音節は-er、3音節はmore、2音節は-erが原則だが、一部にmoreをとる形容詞もある（NewEnglishGrammer 昇龍堂）とありました。

　推測するにもともとsimplerが正しかったが、2音節であったためにmore simpleも違和感なく誤用されるようになり、後世に辞書も正式なものとして認めたのではないかと思います。

　言葉は移ろうもので、ある時代に受け入れがたいものでも、50年たったらフツーの言葉になるというのはよくある。

　人々にとって言葉は伝わることが大事。伝わってそれが受け入れられればそれが正しいものに化ける。

　そんなことを考えさせるシンプルではない「Simple」でした。

●チョコサンデー、教会を行く

　ここに盛り込まれているシャレが理解できない。

　アメリカ人は100％理解できるだろうに、なんで自分だけわからないのだろう?!

　そう思うと、何だか、むずむずしてくるんですね!

　止む無く、アメリカ人に尋ねてみました。

　まず、表の意味のSundae Bestはその文字の通りです。

　このレストラン街のどこかしらで売っているチョコレートサンデーは一番ですよ!という意味です。

　裏の意味は、"Sunday" bestなのだそうです。

　Sunday bestとは「盛装、晴れ着、特別な時に着ていく服」を意味します。何故Sundayかというと、日曜日は、盛装して教会に行くからです。

　聞いたアメリカ人は、

　Wearing the best clothes for chruch

　とその意味を教えてくれました。

　英和辞典を見るとSunday best（clothes）とありますから、あとのclothesが省略されて出来た表現であることがわかります。

　日曜日の教会用の盛装→（単なる）盛装の意味になり、日曜日ではなくても盛装にSunday bestの表現が使われるようになりました。

　ですから写真のポスターは、特上のチョコレートサンデーの宣伝のほかに、「よそ行きのきちんとした料理をご用意し

ていますよ」といった裏の意味をシャレで言っているのでは
ないでしょうか。

　ちなみにサンデー Sundae という言葉、19世紀にアメリカ
で登場した言葉のようですが、実は日曜日 Sunday から来て
いるらしい。

　19世紀、アメリカでは日曜日にクリームソーダが大人気
だったのですが、安息日がつぶれてしまうという理由で販売
中止。

　しばらくしてウィスコンシン州のエド・バーナー（Ed
Berners）がサンデーを発明（？）、日曜日の昼間の路上で5
セントで販売したのがそのスタートとされているようです。

　しかし「主の曜日」Sunday をデザート名としたためクリ
スチャンの反発を受け、仕方なく Sundae としました。

　アイスクリームが溶けてしまうため、Sundae は、お昼の
食べものとなり、一方、パフェは夜のレストランでデザート
として売られるようになりました。

　サンデーの食べ残しにソーダを加えるとマンデーというも
のになるらしいです。

　ところで最近は日曜日に教会に盛装して行かなくても問題
がないそうですが盛装している人もしばしば見かけますから
まだまだ Sunday best は健在と言えそうです。

●巻き？　よっしゃメシ喰いに行こう！

　今日、あるプロジェクトの発表会がありました。

　みなさん、変わるがわる前に立って成果発表をするんです
が、司会はどういうわけかボクでした。

　それで発表長めになりそうな人には例の「巻き」を入れな

きゃならないなぁなんて思っていましたが、ちょっと待て
よ！「巻き」入れる……って、アメリカ人にわかるの？と急
に不安になってきました。
　で、手近にいるアメリカ人に聞いてみた。
「発表の時間が押しちゃったとき、こういうふうに（釣り竿
のリールを巻くようにして）"巻き"を入れるけどわかるか
い？」
　そしたら「わかるわけない！」
　えっ？
「そうだよ〜！　それ見たら、『メシ喰いに行こうって誘って
る』と思って壇上から即、食堂に飛んでっちゃうよ！」
　そこで大笑い。
　リール巻くの、確かにメシ食うようにも見えるかもね！
「じゃ、どうすりゃ発表してる人に『時間押してるよ』って
知らせるの!?」
「そりゃ、こうやるのさ！」
　そう言って右手の人差し指で左手首の腕時計を何度か叩く
マネをしました。
　ナンだぁそうだったのか〜！とまた大笑い。
　日本人でもわかるしぐさ。
　でも思いつかない。
　まして壇上の発表者に「巻き」ではまず使わないよね。
　こんなところにビミョーな日米文化の違いを感じた純じゃ
ぱでした。

●創造性という名の創造性
　欧州で行われたある展示会の写真。

写真家のものだと思
うが芸術性は自分には
よくわからない。

逆さの足がモチーフ
か「創造性」という日
本語の入れ墨がモチー
フか。あるいは、その
両方か。

ところで「創造性」として写真に現れた日本語、creativity
の直訳としてここに登場したのだろうと思っている。

欧米人にしてみればcreativityという言葉、"入れ墨"用
として座りがよくカッコいい言葉なんだろうなと思う。

それをカッコよく流行りの日本語で……ということで直訳
の日本語、創造性……。

ちょっと違う……。

言葉が入れ墨として不似合いで落ち着かない。

私が百歩譲って入れ墨を彫るなら（笑）「創造」とするだ
ろう。

最後の「性」で入れ墨の格が下がるような気がするし意味
する世界が狭く安っぽい感じがする。

偏見だが、文法的にひとり立ちする名詞が、それを説明す
る形容詞よりも格上の感じがする。

形容詞は主語の、あるいは説明する対象の名詞がなければ
自立しないからだ。

創造性には形容詞の臭いがするのが、その原因なのかもし
れない。

むろん「創造性」はれっきとした名詞なれど、名詞の仮面

を被った形容詞という感じがあり格下に思えてしまうのだ。

　格が上か下かなんてどうでもいいことだが、とにかく『どうして「創造性」を入れ墨に……!?』が純じゃば的感懐なのだ。

　きっと写真家の芸術的意図はもっと高いところにあるはずで、creativityの直訳の日本語が入れ墨にはいりさえすれば、写真家の意図は果たされるのかもしれない。

　だけど、英語⇔日本語間の直訳だけでは済まされないもの、たとえば日米語それぞれがもつ言葉の安定度、おのおのの言語の意味の広がりの中でその言葉が受け持つ位置、日米間の言葉が醸し出すニュアンスの違いなどなどから"入れ墨「創造性」"に依然違和感を感じてしまうのも、これまた確かなことなのである。

●君、南部クンを知ってるか?

　あるアメリカ南部の小さな空港で手荷物検査のために列に並んでいたら、突然、検査官に声をかけられました。

　Where are you from?

　日本で生まれ育ったが、今はアメリカに住んでいるということでoriginally Japanと答えることにしています。

　Oh, Japaaaan!（あ～、日本人かい）

　そしてI know Nambu!（南部君をしってるよ！）と親しげに話してきました。

「えッ?　なんで南部さん知ってるの?」

　実は知り合いにたまたま南部さんという人がいたのですが、この検査官が彼のことをなぜ知っているのか、大変驚いたのでした。

　そのあとも立て続けに話してきますが、どーも話があわない……。

　「ピストルがどうの」「性能がどうの」と言っています。

　その時、私はピ〜ンときました。

　そうか、この人は南部さんのことを言っているのではないんだ！

　旧日本軍の南部拳銃のことを言っているんだ！

　実は小学生のころ親友がピストルマニアだったので（確かお父さんが自衛隊に勤めていた）「ブローニング」とか「南部14式」だとかを興味がないのに耳にたこができるほど聞かされていました。

　「南部拳銃」について調べてみるとウィキペディアにもちゃんとありました。

　The Nambu pistol was a semi-automatic pistol used by the Imperial Japanese Army and Navy during the First and Second World Wars. The pistol had two variations, the Type A, and the Type 14

　（南部拳銃は、半自動式のピストルで大日本帝国の陸海軍で第1・2次世界大戦で使用されました。このピストルには、2つの型式がありA式と14式と呼ばれています）

　The origins of the pistol go back to the design by Kijiro Nambu in 1902. He was a prolific arms designer who is sometimes called the "John Browning of Japan".

　（拳銃の原型は、1902年の南部麒次郎のデザインによるものです。彼は、優れた銃技術者であったため、しばしば日本

のジョン・ブローニングと呼ばれていました)

　そうかー。南部式拳銃は、昔の南部藩の流れかと思ったら実は開発した人の名前だったんだー！
　じゃあ、やっぱり南部さん知ってるか？は正しいということになるのか？
　もちろん、この南部氏は知らないが……。
　彼の名を冠した南部銃製造所は、戦後は新中央工業を経てミネベアの一部門となっており、今でも警察や自衛隊に拳銃を製造し続けています。
　そういう意味では彼の技術の息遣いは立派に生きているということになりますね。
　なお、ブローニングは日本での俗称で、本来はジョン・ブラウニング（John Moses Browning）と呼ばれるべきアメリカの銃器設計家です。
　それにしてもあの検査官、日本人を見て「南部拳銃」とはちょっと時代錯誤も甚だしい!?

●Sit upという奇妙なことば

　いつだっただろうか？
　sit upという奇妙な言葉を初めて聞いたのは……。
　それは聞きなれたsit downではなかった。
　それはいかにも奇妙な組み合わせ。sitとupが一緒とは一体なんなの……だった。
　あれは、たしかレストランで会食をしているときだった。
　狭いところにイスとテーブルがあってそこにわれわれは座っていた。

　それで友人がトイレに行こうと立ち上がり、別のメンバーのすぐ後ろを通ろうとしたのだが、そのメンバーのイスが壁に接していて通れない。

　壁を背にふんぞりかえって談笑している彼は後ろを通ろうとして困っている友人に気がつかない。

　それを見た向かい側の人が叫んだものだ。

Sit up, Jody!

　ボクはそれを聞いてぶっとんでしまった。

　中学のときにstand up（立て）とsit down（座れ）の二つがあって、しかもそれらはstand/sitとup/downできれいに対称になっていると思ってたから、こんなわけのわからない言葉があること自体大変な驚きだったのである。英語の先生だって教えてはくれなかった。

　そのうちにそれは忘れてしまったが、またそれを聞く機会がやってきた。

　ある病院で心電図をとるためにベッドに自分の体を横たえていたが、それが終了したときに看護師は言った。

　Sit up!

　もちろん横臥の姿勢から起き上がった上でベッドの上に座っていなさいという意味で、またSit up君に出会ったぁ～ってそのとき思った。

　3回目は、本を読んでいたら腹筋運動が出てきてこれもまた英語でsit upと言うことを知った。

　その正体を考えてみた。

82

　sit downもsit upも最終形は座っているということでは同
じである。ところがその直前の動作が違う。sit downでは
立った状態からdownして最終的にsitする。sit upの場合に
は寝転がっている状態、もしくは背もたれにもたれかかった
横に近い状態からupして最終的にsitしている状態に終わる
ということを意味している。すなわちsitのあとのupや、
downは最終形である座位にいたるまでの動作を表している
ことになる。だから言葉の順番はsit down/upだが、動作は
down/upを経てsitで終わるわけで言葉とは逆を行っている
ということも言えるわけだ。

　ちなみに直前に動作を伴わないのはただのsitだが、実際
にはsit stillというのがある。

　これはsitをstill静かな状態に保てという意味でよく母親
が子供に言っている「静かに座ってなさいっ！」がこれに当
たる。

　sitが立位と臥位の中間の姿勢であるがゆえupとdownが
存在するわけで、中間の姿勢ではないstandにはstand
downなんて言葉は存在しないだろう。

　ちなみに、イスにもたれ掛かっている状態でイスを机の側
にずらして背中側を空けろ！というのはscoot upというの
だそうである。そう、スクーター scooterのscootである。

●病人は病人らしく！
　友人が風邪を引いて熱が出たというので近くの救急病院に
付き添いました。

　友人が見てもらっている間、うろうろ病棟を歩いていると
ピストルを持ったお巡りさんがある病室の前に立っています。

　ヒマに任せて、「ナニやってるの？」って聞いたら、人懐っこそうなお巡りさんもヒマだったのか（笑）、くしゃくしゃになったある書類を見せてくれました。

Healthcare patient standby form
（診療所外来患者警護要請フォーム）

　すなわち医師が患者の様子を見て暴れたりする可能性がある場合、警察に看視を依頼する用紙でした。医師から要請が出ると、こうして病室の前でその病人の様子を監視し、何かあった場合は制止する役目を負っているようです。

「こりゃ、すごいこっちゃ」と思いました。病院に警官はあまり似合いません。

　その用紙には患者がどのような"危険行動"を起こす可能性があるか、医師が選択肢の中から選ぶようになっていました。

Behavior that requires the standby order ……
（警護を要請する理由となる患者の行為は……）

　となっていて、その中身がまたすごい！

・Intoxicated（酩酊状態）
・Combative（医療行為への抵抗）
・Homicidal（他人を殺そうとする）
・Suicidal（自殺しようとする）
・Physical Assaults（ヒトを襲おうとする状態）
・Verbal Threats（周囲の人間を言葉で脅迫する）
・Others（その他）

　このお巡りさんが持っていた用紙では医師からの要請がOthersでしたので、問題のある患者ではなかったのでしょう。だからヒマそうにしていたんだと思いました。

「病院の警護はどんなケースが多いの？」と聞いてみたら、やはり、「ドラッグでおかしくなって暴れるやつが多いさ」と教えてくれました。

　日本の病院では一般病棟に限っては暴れたりする患者はそう多くはないかと思いますが、アメリカの病院ではこのような武装した警官の要請制度がフツーにある点に米国社会の断面を見たような気がしました。

●むすーんで、ひーらいて

　会社にいる日本語と英語のバイリンガルの女性と話してました。彼女は幼いころ日本に住んでいて日本文化もよく知っています。

「日本とアメリカは、すべて逆さまねー」と彼女は言いました。

「へー。どんなとこ？」と私。

「まずねー、本が逆さまでしょう？」

「左開きと右開きということ？」

「そうそう」

「ニホン人ならダレでも知ってるけど縦書きと横書きがあるからね」

「まー、そうね」

「他にある？」

「ほら『手招き』あるでしょ？」

「あぁ、それ、日本にいたときは純じゃぱも知らなかった……この違い面白いよね」

「腕を伸ばして手の平を下に垂らして『いらっしゃい』とやるのがニホン。これアメリカでやると逆に『向こう行け！』

となっちゃのよね〜」

「そう純じゃぱも自分の部屋を訪れた女性社員に、『どうぞ
どうぞ』と手招きしたら、Oh, I am sorry! と立ち去ろうと
されてびっくりしたことがあったよ」

「アメリカで『いらっしゃい』を手招きでやるなら、腕を伸
ばして手の平を上にやって "こいこい" をやらないとダメね。
人差し指一本、上に向けて『いらっしゃい』もいいかな」

「他にはもうないでしょ」

「指を使って、一から十を数えるのも逆ね……」

「えっ？　ナニそれ……？」

「ニホンでは、いち、にぃ、さん、って親指からひとつずつ
折っていくでしょ？」

「うん」

「アメリカはね、握りこぶし作って人差し指からone, two,
threeと、一本一本伸ばして数えるのよ……」

「へ〜！　そりゃ、知らなかったよー！！」

「こうやってね……」と実演してくれたけど、す早い！！

　自分がやると、いち、にぃ、さん、あたりで流れが止まっ
てしまって口は先にいくが、指がついてこない。

「ほんとかよー」と思い、今度は女性のアメリカ人人事部長
に会議のついでに尋ねてみました。そしたらやっぱり握りこ
ぶしから指を立てていく！

「それでfiveまで数えたらどうするの？　ニホン人の場合は、
今度は小指から立ててくけどね」と私。

「アメリカでは、右手でfiveまで開いたら今度は左手で握り
こぶしをつくって左手の人差し指からsix! って言って始め
てtenまで数えていくのよ」

「へぇ、両手まで使うんだぁ～！　それ不便だよね。片手が
塞がってたら……」

「まぁね。それよりも……elevenからはね……」と言うや否
や、履いていたハイヒールをやおら脱ぎすてストッキングの
足の指をにゅっと突き出して「これで数えるのよ～！」と
イってわははと笑ったのでした！

　おいおい、こんなジョーク満載の人事部長で大丈夫か
よー！と思ったけど、これがまたまたアメリカ人のあけっぴ
ろげでいいところなんだよなぁ……とほのぼのと思った昼下
がりでした。

●裁判行ってきま～す！

「純じゃぱさん、来週休みます」とアメリカ人。

「旅行でも行くの？」とワタシ。

「裁判に行くんです」

「えぇっ？　何かあったの？　タイヘンな話じゃない?!」

「いや、jury dutyなんです……」

　で初めてアメリカの陪審制度が市民の身近なところにある
ことを知った（juryとは陪審のことです）。

　こっちは忙しくて猫の手も借りたいのに人の裁判なんて行
くなー！　なんて思うのだが、そうも行かない。忙しい時に
忙しいアメリカ人を陪審員に選ぶのか!?　と"マーフィー
の法則"とやらを恨むことになるが、陪審員の選択はすべて
裁判所に任せられており、まったくのアットランダムだから
不運を嘆くしかない。

　ワタシの同僚のTimは自分は2度ほど呼ばれたけれど直前
になってoverbooking（予約超過）だから来なくていいと言

われたそうだ。しかし彼の奥さんは、すでに3度も4度も参加している。同じ町に長く居住していると当たりの確率が高まるらしい。

　まず裁判所から連絡がくる。都合が悪いときは延長ができるが都合が悪いとは病気だったり妊娠中だったりといった場合であり、仕事の都合がつかないなどは、特別に会社が雇用している弁護士の証明書がない限り理由とならない。呼ばれたのを無視したりしているとポリスが来てしまう。

　陪審員jurorとして集められた参考人witenessたちは、それぞれ検察prosecutor/弁護defense双方の陪審員選択jury selectionの担当弁護士の面接を受け、性別・人種・年齢のバランスを考えて最終決定される。

　だから呼ばれて行ってすぐに裁判の陪審員席にちょこねんと座るわけではないのである。たとえば夫婦関係のこじれによる殺人事件なら、陪審員が男性だけでは判断がずれる可能性があるし、白人による黒人女性の強姦事件となれば人種の考慮はマストだ。

　交通裁判所traffic courtなどで裁かれる小さい交通事故ではそうでもないが、犯罪裁判criminal caseになるとわざと100人くらいの陪審員juror候補者を呼んで、面接をしながら12人に絞るということをする。都合が悪くなるヒトもでるから、代理人alternateも必ず6〜7人程度は選択するシステムになっている。

　だから、裁判所に出かけていっても、面接落ちして帰ってくることもままあるのである。重要なものになると、隔離されたsequesteredな状態におかれ、マスコミの接触を断ちTV視聴を制限され家族との面会（←病人や罪人みたいだ）

も立会人の下に許されるという相当シビアな状況におかれる。楽な話ではないのである。

　日本でも裁判員制度が始まっており、あるアンケートでは「もちろん参加する」という人が50％、「理由をつけて断わる」という人が約25％という記事を読んだことがあったが果たして上記のような方式をそのまま日本でも踏襲したらどれだけの人がOKするか？とふと思ったのである。

●パロディーに見る日米文化比較

　ある大学の文化祭でよくテレビで見る国際弁護士、八代英輝氏の講演に行ってきました。

　演題は『パロディに見る日米文化比較』。

　法律家らしく著作権法第何条なんかが出てきてやや難解だったんですが、言わんとしていることはなかなか面白かったです。

　講演では『チーズはどこに行った？』（Who Moved My Cheese?）とそのパロディ『バターはどこに溶けた？』（Where has my butter gone?）を示しながら日米の比較を説明してくれました。

　オリジナルをもじって発表されるパロディ。

　これらは果たして合法なのか違法なのか。

　合法と違法があるなら境目はどこにあるのか。

　パロディが売れたとき、その利益はオリジナルの価値を損ねて成り立っているのか、あるいは独自の価値なのか。

　これらは難しい問題です。

　個別には裁判所の判断となりますが、日本の裁判官はパロディに対し厳しい視線を向けることが多くオリジナルの著作

権者を守る判断をしがちといいます。

　日本ではパロディはオリジナルの上にあぐらをかくものであり文化のウラ通りを歩くモノとする考え方がありそうです。

　一方、アメリカではパロディを定義しそれに従うものをパロディとして法的地位を保全します。

　パロディを文化を表象するものとして積極的に認めようとする姿勢があります。

　一方、定義に合わないものはパロディとならず違法の可能性もあります。

　つまりもじられたモノを「パロディー」と「非パロディー」に分類し前者を積極的に保護し後者を排除しているのです。

　いかにもユーモアを尊重するアメリカらしい姿勢と思いました。

　パロディの法的な定義とは

1. 元の著作物に確実にtransformation（変容・変質）を加えていること
2. 元の著作物を駆逐するsupplanting purpose（置換する目的）をもっていないこと

の2つだそうです。

　つまりオリジナルの上に独自性を加えて新しい価値を作り上げていること。

　オリジナルの内容物（モノや人物）を置き換えているだけのものは正式パロディーとして認められません。

　また元の著作物を市場から追い出す目的ではないものということ。

　オリジナルに損害を与えずオリジナルと共存できれば法的

に保全されるパロディーということでした。

　締めの言葉、「社会が複雑化し人々の閉塞感が増せば増すほど社会の潤滑油たるパロディーの重要性が増していくのでは……」は純じゃぱにはとても印象的でした。

　パロディー parodyの和訳を調べてみたら「もじり詩文」「へたな模倣」「パロディー」としか出ていませんでした。

　この和訳はさすがに寂しい！

　やっぱり日本にはパロディー文化はなさそうです。

●上しかないUpholstering

　アメリカの田舎町を走っていると、よくこういう看板を見つけます。

　ん？ upholstering?

　ありゃ、ナンだい？ってアメリカ人に聞いたら、痛んだソファーとかの家具を直してくれるいわば修理屋さんだって言ってました。

　へぇー、そんなものがあるんだ。

　upholsterがあるんなら、downholsterもあるのかい？って聞いたら、そんなものあるわけないだろと一蹴（笑）。

　家に帰って辞書を見てみたら、upholsterは「室内を絨毯、カーテン、家具で装飾する、家具に詰め物やスプリングやカバーを取り付ける」という意味の動詞でした。

　（ついでにということで言えばupholstererは家具商・室内

装飾業者、upholsteryは、集合的に家具類とか室内装飾業、室内装飾材料という意味で載っていました。それでdownholsterという言葉は確かにない。

　でもいつもこの類の看板を見るたびにupが目に入りdownを想像してしまう自分がある……（笑）。

　Wiki英々辞典での定義は次のようでした。

　Upholstery is the work of providing furniture, especially seats, with padding, springs, webbing, and fabric or leather covers. The word "upholstery" comes from the Middle English words up and holden, meaning to hold up. The term is applied to domestic furniture and also to applications in automobiles, airplaines and boats.

　（upholsteryとは、家具、特にシートなどの詰め物やスプリングやウェビング（座席部分の帯紐による補強）、布や革での外装を扱ったりする職業です。upholsteryという言葉は、中世の英語up and holdenから来ていてこれはHold upを意味します。この言葉は、室内の家具だけでなくクルマや飛行機、ボートなどの内装などにも使われます）

　結局、作り上げていく……ということでupということなんでしょう（？）から、家具の解体業とかでdownがあってもいい？とまだ拘っているワタシでした。

　実際、「家具を解体する」というのなら英語ではdismantleという言葉があるようです。

●聞いてないけど、聞いてるよ

　アメリカで生活しているといろいろとストレスの溜まることが多い。それで日本人同士はもちろんのこと、アメリカ人にも愚痴をこぼすことにもなる。

　例えば私がひとしきりアメリカ人の友人に電話で文句を言うとする。下手な英語でもそれなりに語気とかで自分のストレスは伝わるものだ。

　そうして、アメリカ人は言うのだ。

　Jun-Japa-san, I hear you!

「おれもそう思うよ……」ってな具合である。

　そういうときは嬉しいものである。

　自分の気持ちが伝わったみたいな……感じが少なくともしたものである。

　ところが、あとでこの表現を調べてみるとこうだった。

　Old hippie expression for accepting another persons statement/opinion even if you do not agree with them, because you respect the other persons right to their own opinion and freedom of expression and speech.

　（これは昔のヒッピーの表現で、仮に自分がそう思わないとしても他人の意見とか表現や言論に対する権利を尊重するので、あなたの言うことを受け入れるという意味である）

　なんだ、おれも心底そう思うよ……という意味じゃなかったんだ。たしかに　I hear youだから、おまえの言うことを聞いてる……文字通り。

　おまえにはおまえの言い分があるだろ、それに意見したり

はしないさ、言いたいことは言えよ、おれもいちおう聞き置くよ、agreeするかどうかはまったく別だけどなということだ。

　何だか、アメリカ的でガクッて感じがした。

　こういう感覚はアメリカ文化に結構溢れているって感じもする。

　要するに人のことにはあまり構わない。人がどうであれ、やっかんだり、ひがんだりしない分、自分のことは自分でやれ、おれ関係ないから……的な雰囲気なのだ。

　自由だし独立しているが、非常に孤独というかdryであり、一方の日本は日本で、いつも他人と比較したり、同質を求めたり、他人に干渉して異質だと引きずりおろしたりといったカタチでwetで自由をお互いに束縛しているようにも感じたひと幕でした。

●あれ～社会の窓が!!

　アメリカに来たとき、私の英語の先生が教えてくれました。
「"社会の窓"が開いている人がいたらこう言うのよ!」
　XYZ!!
　へー。面白い。何ですか?　それ。それはね……。
　eXamine Your Zipper の省略形なの。
「あんたのチャック、チェックしてごらん!」という意味ね。
　それを聞いたあと暫くしてその状況に出くわしたのである（笑）。

　実は、あるうら若き女性社員と仕事の話をしていて、ふと気が付いたのである。

　そう、あろうことか彼女の履いているGパンの"社会の

窓"が開いていたのだ。

　（アメリカの田舎ではジーンズで出社する人も結構いる。NYなど都会は違うが）

　ワタシはセクハラの問題もあることから見て見ぬフリをしようと思ったが、それでは彼女が可哀想だと思い、ひとしきり仕事の話が終わったあと、こっそり

　XYZ……

と耳打ちしてやった。

　そしたら彼女

　Oh!

とひとこと言ってあわてて店じまい（笑）をしたのであった。

　実はそのあと淑女のプライドを傷つけてしまったのでは？と不安になり、こっそりeメールで

　Jennifer, was it rude for a gentleman to point out ladies' 'xyz'?

　（男性が女性の"社会の窓"をあいているのを教えてあげるのはちとばかり失礼にあたるかな？）

　そしたら彼女の返事いわく、

　Jun-japa-san, I cannot speak for every American woman. Some of them are very sensitive. Please be assure that I am very thankful that you mentioned to me. I would not want to walk around with my 'xyz' :-) Please do not worry about it. I do appreciate your concern, but it is no problem.

　（純じゃぱさん、ワタシは他のアメリカ人女性のことはわかりませんし、確かに中には、神経質な人もいることでしょう。間違えないで欲しいのは、私は、言ってもらって助かりまし

た。だって"社会の窓"を開けたまま職場をほっつき歩きたくなかったのですものね（笑）。ご心配なく。言ってもらってありがたいしぜんぜん平気ですよ！）

　ホンネのところは実際よくわからないが一応、問題なく過ぎたんだなとそのとき思ったのである。
　実はそのあと、あるホームパーティーの会場で、自分自身も開いているのに気づかず、知人のアメリカ人女性から耳打ちされたことがある。そのときは、Jun-japa-san, zipper!! だった。
　人のことをカマうのもいいが自分のも注意しろよ！ってことでした（笑）。

● 「しか」ってナニよ？
　アメリカで育った息子は実は英語も得意ではないが日本語もあまり得意ではない。
　帰国して4年あまりになるが、先日、ぽそとこんなことを言った。
「『ひとつしかない』って言うけど、あれって、ホントは『ひとつしかある』じゃないの？　ひとつだけ、そこにあるんだから……」
　ひとつしかない、ひとつしかない……何度かつぶやく。
「私しかいない」「これしかない」「やるしかない」。
　確かに"しか"が来たら、あとに"ない"と否定が来る。"ない"がこないのは思いつかない。
　誰かが冷蔵庫を開けて「ビールが1本"しか"ないじゃないか！」と叫ぶのを聞けば、聞いた方は「ビールが"1本だ

けある"」映像が浮かぶわけで、そこに否定が入ってくる余
地がないことも確かだ。
　息子の質問に「う〜ん、そりゃ難しい。『そのように言
う』としかいいようがないよ。おっと！　そう言いながら、
今オレもその"しか"を使ってしまった（笑）。理屈では答
えられないというのが答だ」と答えにならない答を言った。
　しかし、イメージとしては、そこにいたりあったりする
「人」「モノ」が、全体から絞り込まれて最後に特定されるん
だから、"しかある……"という言い方の方が、日本語を頭
でわかろうとする人には絶対、理解しやすい気がする。
　国語辞典を調べてみたら、これは係助詞というモノらしい。

しか（係助詞）
　体言またはそれに準ずるもの、動詞の連体形、形容詞・形
容動詞の連用形、格助詞などに付き、下に常に打ち消しの語
を伴って用いる。特定の事柄・条件だけを取りあげて、それ
以外のものをすべて否定する意を表す。また、「だけしか」
の形で一層強い限定の意を表す。
「その事を知っているのは彼─いない」「正解者はたった一
人だけ─おりませんでした」
〔くだけた言い方では「っきゃ」となることがある。「ぼく
がやるっきゃないだろう」〕

　う〜ん、この辞典はだめだ（笑）。
　なぜ、そのようになるのか説明がない。
　やっぱりそのように使うのだ……と教えるほかは、ないの
か。

　この「しか」以外にも「なにがしか」とか「いつしか」とか、「しか」を使う表現は結構あるが、それぞれ決まった場面でしか使われないような気がする。
「決まり文句」というものは世の中にわんさとあるわけであって、「真っ赤なウソ」がナゼ赤いかなんて誰も説明なんかできない（ちなみにアメリカで、このようなウソのことをwhite lie（真っ白なウソ）という）。
　それと同じ穴のムジナと思えば気持ちも晴れようというものだ。
　文法は学者にまかせるとして、「そう使う」、「その意味はこうだ」が手っ取り早いが結論。
　そもそも、そのように使う、使っている……という現状を肯定的に体系にしたのが文法であって、それにはまらないものは決まり文句にしたわけであって……。
　だから言葉は使うことがいつの時代も先にありきなのだ。
　なんだ、じゃ文法というのは後追い整理であって、気にすることはないんだななんて一人合点も説得力を増してくる（笑）。
　そういえば「全然」も、否定と合わせて使わないとおかしいと言われたものだが、今では「うぅ～ん、全然、大丈夫！」なんてふつうに使う時代になった。
　自分も何かを聞いて「うそっ！」と思わず言うと「ほんと？」というべきでしょ！と老母にたしなめられたことも一度や二度ではない。
　唄は世につれ……じゃないが、言葉も世につれ……
　時代が変われば、ひとつしかある……という言葉が大手を振って歩いているかも知れない。

　それにしても日本人をン十年やっていても、日本語は結構難しいもんだなと幼い息子に思わされた一幕だった。

第3章　交友編

●Friends

　アンからeメールで、ある詩が送られてきました。

　その詩、読んだらなかなかいいなと単純な純じゃぱは思いました。

　内容はばらばらで、ひとつながりにつながってはいませんが、それぞれ好みに応じて好きなものを味わう"バイキング"的な味わい方ができる詩ではないかなと思いました。

　その詩とは以下のようなものでした。（訳：純じゃぱ）

Friendship

　友情

Many people will walk in and out of your life.

　数多くの人たちが、あなたの人生に現れ、そして去ることだろう

But only true friends will leave footprints in your heart.

　しかし、あなたの心の中に足跡を残した人だけが、真の友人と呼べるだろう

To handle yourself, use your head;

　自分を動かすためには、あなたの頭を使いなさい

To handle others, use your heart.

　人を動かすためには、あなたの心を使いなさい

Friends

　友だち

Anger is only one letter short of danger.

　怒りは危険という言葉の一文字を取り去った言葉です

100

If someone betrays you once, it is his fault;

　もし誰かが、あなたのことを1度裏切ったとしたらそれは、その人が悪いということです

If he betrays you twice, it is your fault.

　もし誰かが、あなたのことを2度裏切ったとしたら、それは、あなたが悪いということです

Great minds discuss ideas;

　偉大な心は、考えを、議論します

Average minds discuss events;

　凡庸な心は、事実だけを議論します

Small minds discuss people;

　狭小な心は、人について議論します

He, who loses money, loses much;

　お金を失うものは、ただそれだけを失う

He, who loses a friend, loses much more;

　友人を失うものは、お金以上のものを失う

He, who loses faith, loses all.

　信頼を失うものは、持てるものすべてを失う

Beautiful young people are accidents of nature,

　美しい若者がいたとしたら、それは、自然のいたずらでできただけのこと

But beautiful old people are works of art.

　しかし美しい老人がいたとしたら、それは、人生の技巧を凝らした芸術作品

Learn from the mistakes of others

　人の失敗を笑うことなく糧としなさい

You can't live long enough to make them all yourself.

　自分の思うとおりに人を従わせることに時間を使うべきではありません

Friends, you and me...

　友だち、それは、あなたと私

You brought another friend...

　でもあなたは、別の友だちをつれてくる

And then there were 3...

　それで、ふたりが、3人になってる

We started our group...

　それが、友だちのグループのはじまり

Our circle of friends...

　友だちと友だちでできた輪

And like that circle...

　そして文字通り輪のように

There is no beginning or end...

　始まりもなければ終わりもなくどこまでも友だちは広がっていく

Yesterday is history.

　過ぎ去ってしまった昨日はもう歴史の一日

Tomorrow is mystery.

　やってくる明日は、どうなるのかもわからない謎の未来

Today is a gift.

　だから今日という一日は、とても大切な贈り物

That is why it is called the present.

　だからこそ、かけがえのない今を「プレゼント」というのです（Presentを"贈り物"と"現在の"という掛け言葉に使っている）

This poem is written by Eleanor Roosevelt（NOT ME）

　先だっての夫のロンの死を通して、友人たちのありがたさに触れ、同時に期待どおりの行動ではなかった友人たちがいて、さらには人生そのものにも考えが及んで彼女の琴線に触れるものがあったのでしょう。

　上は、処世訓がばらばらに散りばめられています。

　純じゃぱは、最後のものが一番好きです。

　掛け詞を使っているのと、「今を大切に！」が、毎日を無為に過ごしている自分に警告を発してくれているような気がしています。

　みなさんはどれが好きですか？

　この詩の作者Eleanor Rooseveltは、ルーズベルト大統領の妻にあたる人です。

●息子よ！ってヘンだよね

　友人のガイ、息子のニックとハイキングに行ったときのことです。

　この親子、とても仲がよく、歩いている間じゅう、話をします。よく息切れないな！って思いながら聞いていました。

　ところでニックからオヤジのガイに話しかけるときの言葉はDad! です。

　日本語で言えば「ねぇ、お父さん！」「おい、おやじ〜」といったところでしょう。

　ところが、ガイから息子のニックに話しかけるときにはSon! だったんですね。

　へぇ〜！　このように息子のことを呼ぶんだ。

　エイゴの世界では必ず名前を呼ぶのが原則みたいに思っていたけれど……。

　日本語で「息子よ！」とは言わんなぁと思いながら聞いていました。

　思い出したのが、西洋の物語などで父が子供に話しかける場面です。翻訳では「息子よ！」なんて呼びかける翻訳がでてきて、なんか変だなぁ！って思いながら読んでいました。

　これって、実際にこのように呼ぶから、作家もそれを描写する場面を書き、そのままそれがニホンゴに翻訳されてたっていうわけだったんですね。

　納得、納得、って感じでした。

●金魚のフンにも五分のタマシイ！

　アメリカ人に会ってあることを相談した時のこと。

　一通り、相談が終わって、メモしようと思ったら手帳はあるんだけど、ペンがない。

　仕方なく、彼に

Do you have something to write?

　って聞いた。

「ペンか何か書くものない？」っていうのりで……。

　ところが、そいつから返ってきた答えは

On? or with?

What?

　って言ったら

Something to write on or with?

　とまた聞いてきた。

　そうかぁ！

　こいつは、何か書くため「筆記具」と「紙」のどちらが必要かわからないので聞き返してきているんだ。

　それで、

　"With" please!

　と答えた。

　ま、Pen! とでも言えば話が早かったかも知れない。

　思い返せば、中学校のころ。

　To不定詞の形容詞的用法を習ったとき、この文章は正式には

　Do you have something to write with?

　と覚えさせられた……。

　そして、この最後のwithは、当時の中学生にとってナンとも邪魔だし不思議な前置詞だった。

　このwithがなくたって、「何か書くものない？」を伝えるには十分でしょ！って確信してた。

　英作文では、×になるから仕方なくつけてたけど、心の中では全く金魚のフンだった。

　そしてナゼ「withが重要なのか」英語の先生はあまり明確には説明してくれなかったと思う。

　ン十年たった今頃、ここで、この永年の疑問が解けたのだった。

　このwithは一発で相手に意味を通じさせるにはやっぱり必要だったわけだ。

　論理的に考えてみると「①（頭の中の）アイデア」が「②ペン」を通じて「③紙に表現される」と考えると、

　①アイデア→（②ペン）→③紙という情報の移動となりそ

れがwriteという動詞が演じることになる。

　従い、

①something to write by「アイデア」

②something to write with「ペン」

③something to write on「紙」

の3通りが"基本的には"writeという"動作"に関して考えられる。

①情報の移動元たる「情報源・アイデア・ネタ」

②発信元から発信先に情報を伝える「媒体」

③情報の移動先たる「紙」

というわけだ。

　言い換えれば動詞が表現する動作が完結されるには、いくつかの主体が必要だが、それらを的確に説明するには「前置詞」がどうしても必要となるわけだ……という当たり前のことが数十年ぶりのブランクを経て、今初めて実感としてわかったということだったのだ。

●家族の中の黒いひつじ……

　同僚のジェームスたちと夕飯を一緒にしました。

　そこで、家族の中で誰が酒が飲めるかという話になりました。

　アルコールが大丈夫な家系はだいたい家族がみないける口だったり、はたまたその逆だったりでしたが、彼、ジェームスの家は異色で、彼だけがいくらでもお酒が飲めるのに、兄弟姉妹の5人、それに両親や親戚も一滴も酒がダメなんだそうです。

　彼は、

I am a black sheep!（ボクは黒い羊だ！）

って叫びました。

はぁ？

　聞いてみたら、家族の中でひとりだけ異色なとき、若干面白おかしい意味を込めてこの言葉を使うとのことでした。

　確かに、白い羊の中で、ひとり黒い羊だと変だし、何より目立ちますね。

　たとえば、3人子供がいて、ひとりだけわがままで叱られたりしている場合、その子供のことを、ややふざけた、揶揄する気分を込めてそう呼ぶのです。

　また人によっては、家族のほかの人と一緒と思われたくないためにわざとblack sheepを望む人もいるようです。

　念のために英和辞典を引いたら「一家のつら汚し」「家族の中の厄介者」「持て余し物」「異端者」という訳語が出ていました。

　これだと深刻さが少し出すぎており、英語本来のユーモラスさが醸し出されていませんよね〜。

　別の言葉ではoddballともいうようです。

　あまり聞きなれない言葉だったので英々辞典を引いてみたら

oddball : a stranger or eccentric person

とありました。

●あの世への旅じたく

　月曜日のこと、突然、友人アン夫人からメールが来ました。

　それは次のような衝撃的なものでした。

HI! Dear Friends,
皆さん

Just a quick note to let everyone know...
実は手短にお知らせしたいことがあって筆をとりました。

Looks like Ron is losing his battle with THE DRAGON..as of Friday we have called Hospice.
（私の夫）ロンは、かねてからの「恐竜」（訳者注：ガンのこと）との戦いにどうやら敗れてしまったようです。先週金曜日、（もはや手の施しようもなく）ホスピスに人生最期のケアをお願いしたところです。

He is very comfortable and resting. PLEASE feel free to call us. We would certainly enjoy hearing from you and sharing..whatever.
夫は（退院し）特に痛みもなく（ゆっくり自宅で）休んでいます。そこでお願いがあるのですが、お電話をいただけませんか？　遠慮は無用です。夫も私も貴方から連絡があるのを楽しみにしているし、どんなことでもいいから（これまでの思い出などを生きている今のうちに）分かちあいたいと思っています。

Ron has battled the last two years and battled courageously. No side effects from all the chemo and radiation. We certainly feel we were given a gift of living while doing this battle and enjoyed all the days we were given to do so!

（思えば）彼は（「恐竜」が発見されて以来）2年もの間、
闘病生活をしてきました。勇敢に病気に向き合いました。幸
いなことに化学療法や放射線治療でも副作用はありませんで
した。この闘病生活はまさに神からの贈り物としてありがた
く感じていたし、また、そうするために与えられた贈り物を
精一杯楽しみました。

Many enjoyable trips to the trailer in the North Carolina
Mountains,A visit to the Oregon Coast and visiting with Bill
in Seattle. The Beach in early December and many side
ventures here and there.

（例えば）ノースカロライナ州の山々にもキャンプに何度も
行きましたが、とても楽しいものでした。オレゴン州の海岸
を訪ねたり、息子のビルとシアトルにも行ったりしました。
12月初旬には、サウスカロライナ州のマートル海岸など、
とにかくそこかしこに小旅行をしました。

Again, please do not feel uncomfortable giving us a call
or emailing. If we cannot talk when you call, please
understand we just may be working on keeping Ron
comfortable.

とにかく、（末期患者ということで）電話やEメールがし
にくいと存じますが、気になさらずにどうかお願いします。
電話が通じないときは、夫が（最期の残り少ない日々を）快
適に過ごせるよういろいろと身の回りの世話をしている（電
話に出る気分ではないという意味ではない）とご理解いただ

ければ幸甚です。

Thank you for all your support and encouragement.
（最後になりましたが）いろいろと手助け戴いたり、勇気づけて戴いたり本当にありがとうございました。

　純じゃぱは、この手紙を読んでうろたえてしまいました。
　ロン（夫）とアン（妻）とはもう10年近いおつきあいとなります。
　アメリカに来て、さまざまな場面で困った我々家族を全面的に助けてくれたのが彼らでした。
　最初は英語の教師として、そしてそれが次第に家族ぐるみの付き合いになっていきました。
　もちろんロンが、アン夫人が「Dragon」と表現している「肺がん」に侵されていたことは知っていました。
　しかし、早期に見つかった癌だったし、化学療法もうまくいっていたから大丈夫と高をくくっていた。
　また、妻のアンも、それが本来であれば3ヶ月の命だったことを我々にあえて言いませんでした。
　だからロンとも、この2年間というもの癌のことをほとんど気にせずにハナシができたのです。
　ここのところ忙しくて、コンタクトを取っていなかったところにこの知らせが突然舞い込んだのでした……。
　こんなとき、どうしたらいいんだ？　矢も盾もたまらず家に向かいました。
　ロンは、暗い部屋にひとりで、ポツンと座っていました。
　近寄っていってとき、彼は、にこりともしませんでした。

全くの無表情で、どちらかというと、自分の苦痛を背負いこんでもう精一杯という顔だったと思います。いつものハイ！という笑顔がないことに自分のうろたえは増しました。

　ひたすら酸素吸入器から細い管を使って、酸素を無心に吸っていました。

　そして、ときどき、大きな深呼吸をし、ときどき、居眠りをするそんな感じでした。

　僕は彼の横にちんまりと座って「一週間以内にあの世に旅立つことがわかっている本人にかける言葉」……それを一生懸命探していました。

「元気？」

「早くよくなってね」

「あれ、楽しかったね」

「あれ、おいしかったね」

　会話の糸口を思い浮かべては、これもダメ、あれもダメと頭の中で消していました。

　仕方なく「酸素おいしい？」なんてぼそっと言ってしまい、すぐに「なんて自分は、元気づけることのできない人間なんだろう」とひどく後悔しました。

　たまたま飼い犬がじゃれてきたので、これ幸いとばかり、犬をホラホラなんて言いながら撫でながら、「どうしよう？」と思っていました。

　とうとうロンが苦しそうに口を開きました。

「妻は元気か？　こどもは？」

　はっとして、即座に、

「元気で毎日をバトルしてるよ」

　とジョークまじりに言いましたが、笑いが取れるはずもあ

りません。

　しばらくして妻のアンがやっと一仕事終えて、会話に加わってくれました。

　乾いた空間に水が満たされたそんな感じがしました。ロンには悪かったけど。

　以下のように話してくれました。

　ふたりで癌と闘うことを誓い、残りの人生を思い残すことなく思う存分旅をし、離れて住む子供たちに会い、笑い、助け合いながらの2年間だった。

　癌を宣告されてから、それが治癒するものでないことは了解していた。薬物治療で延命してきただけであって、いつかはこの日がくる、ただそれだけのことだ。

　先週の金曜日に医者からもう手の施しようがない、「来週死ぬ」との宣告を受け、家に連れて帰り残り少ない日々を、住み慣れたこの家で、安楽に過ごさせてあげようとしている。それでホスピスを呼んだ。

　今年の元旦には、大騒ぎするくらい元気だったのが、先週からは、見る見る間に元気がなくなり、本当に気の毒だ、

　とざっとそんな話をしてくれました。

　それから話すこともなく、シューシューと酸素吸入器の音だけが、部屋に響いています。

　暫くしてロンのためにベッドを居間に組み立てて欲しいといわれ、手伝うことにしました。

「来週、ロンが、あの世に旅立つ最後の場所なんだ」と思い心がふさぎましたが、無心に手伝い、終わったときは、間接的にせよ最後に彼にやってあげることがあってよかったと思いました。

　2時間ほどいて、最後に肩をたたきながらロンに「さよなら」を言ったら、

　彼はひとことCome againとしわがれた声で僕の手を握りしめました。

「うん、うん、絶対また来るよ！」と言いました。

　でも今度来たとき彼は、僕の手を握り返すことはないだろうと思うと涙が出ました。

　外はどんより雲が垂れ込め、湖畔の道も冬枯れの荒野の道。何だか、宙をふわふわと運転しているような感じがしてなりませんでした。

　家族連名のカードにはこう書きました。

　We are thinking of you.

　正直こうしか書けなかった。でもそれでいい、とアンは言ってくれました。

　ロンがそのベッドの上からあの世に旅立ったのは、わずか、その2日後のことでした。

●ハトが飛んでいった

　ロン（夫）が死んだ日の夜、アン夫人からメールをもらいました。

*** MEMORIAL SERVICE FOR RON POWELL ***
WHERE：HERE AT OUR HOME ON THE LAKE
WHEN：Wednesday January.25, 2006
TIME：12:00 PM
If you cannot attend, we understand and know you will keep us in spirit, prayers, and thoughts.

　もちろん行くよ、と短く言って電話を切りました。

　あの世に旅立ってからちょうど一週間目にあたる日の追悼
式とのことでした。

　ニホンならさしずめ初七日だろうな、と思いました。

　その日は、朝から青空が広がり、キリリと冷えきった空気
が、低い太陽の光にパリンと音を立てて割れるようなそんな
朝でした。

　ロンの家は、緩やかに傾斜する湖畔にあります。

　多忙で厳格なビジネスマン生活を送った彼が、退職後の生
活をすごす場所として、この湖を望む閑静な場所を選んだの
は何の不思議もありませんでした。

　波打ちぎわには短い桟橋があり、以前、よく釣りにつれて
いってもらった時に使ったポンツンボートがちんまり浮かん
でいます。

　今日は、その波打ち際の家の前庭を使っての屋外の追悼式
なのだそうです。

　桟橋の脇には、以前、ハンバーガーなどを食べたときに
使った簡易テーブルの上に白い布がかけられ、簡単な祭壇が
しつらえられていました。

　真ん中には、ロンのash（遺灰）が、はいった四角い木の
urn（骨壺）が鎮座しています。

　純じゃばは、遺骨と言っても

　ash

　っていうんだな、

　urn

　は骨壺と言っても、木でできているし、陶器でできた丸い

ものじゃあ、ないんだなんて見ていました。

　そしてそれを取り囲む6枚の彼の写真。

　子供のときから、死ぬ直前までの、妻アンとの、子供たちとの、純じゃぱの知らない友人たちとの。

　ラジカセからは、明るいポップスが流れていて、追悼式を感じさせないところに、なぜか悲しみがつのります。

　この音楽が流れているところには、いつもロンの笑顔があったのに……というように。

　始まる時間になるころには、50〜60人くらいの人がcasualな格好で集まってきました。

　見るとロンの子供たちもジーンズを履いていたりして思わず笑ってしまいました。

　友人の司会で、式は始まりました。

　参列者たちは思い思いの場所にたたずみ、笑いもところどころにある明るいスタートでした。

　彼の略歴が話されたあと、友人たちの思い出の手紙の紹介。「楽しかったよ」という友人たちのジョークまじりの言葉には明るく笑い、「でも、やっぱり寂しくなってしまったね」というところでは、涙を流しました。

　ニホンのように一同がしかつめらしい顔をしてお葬式をやるのと比べると、これはこれで明るく、かつその中に哀愁があっていいな。

　彼の好きだった音楽をみんなで聞き、家族からお礼の挨拶が済むと、司会が祭壇の陰からなにやら箱のようなものを取り出しました。

　よく見るとそれはナンと鳥かごでした。

　司会がそれにそっと手を突っ込むと、真っ白の一羽のハト
が出てきました。

　ひと呼吸おき「それでは、お別れです」と司会が一言いう
と、両手を持ち上げるようにしてハトを放ちました。

　ところが、不思議なことに、ハトはすぐにロンの祭壇に降
り立ち、ちょこちょこと歩いては止まり、司会が「早く飛
べ」と払いのけるようなしぐさをしても一向に飛びたとうと
しません。その一連のおどけた感じが参加者の笑いを誘いま
した。

　でもそのとき誰かが「ロンは、まだみんなと一緒にいたい
んだね」といいました。その言葉にアンはまた泣きました。
その涙の母を息子が抱きしめました。

　ようやく、ハトは思いきったように飛び立ちました。

　さよならを言うようにみなの頭上をぐるっと旋回すると、
いったん木の枝に留まり、そして、湖面を低く滑空すると山
ぎわに向かって飛んでいきました。やがて、それは高く快晴
の青空の中の点になっていきました。

　全員が涙をぬぐうことなくその一点を見つめていました。

　ああ、本当にロンはいなくなったんだなとそのとき心から
感じました。

　最後にひとりひとりに一輪のカーネーションが渡され、桟
橋の突端に行って湖に向かって、その花を投げ入れて冥福を
祈りました。

　接客に忙しいアンとはあまり話す時間が取れませんでした
が次のようなことを話してくれました。

　その日の朝、ロンは、少しずつこの世から足を抜けるよう

116

にして逝った。とても安らかな旅立ちだった。ベッドを作ってくれてありがとう。あの日、ロンのなきがらを、家族みんなで手をつないで取り囲み、冥福を祈った。そして、その日のうちに、家から一時間くらいのcrematory　すなわち火葬場に運び、

　　cremation　すなわち茶毘（だび）に付した。

　とのことでした。

　ボクは彼のなきがらを拝みたかったなと言ったら、顔をしかめながら「死んでしまったものを拝んでも意味がない」と言いました。

　そこに西洋人とニホン人の死生観の違いを感じました。

　ニホンでは、死ぬと仏様になるので、なきがらは、大切に扱うと思っていますが、キリスト教では、どうも違うように思えました。

　また、ここ米国南部では、かなりburial（土葬）が残っています。

　カトリックとプロテスタントのBaptist派（洗礼派）が土葬なんだそうです。

　アメリカ人にしては無宗教、北部のシカゴ出身で南部の人を毛嫌いしてきた、そして、死んでしまったものには、お金をかけても仕方がないという合理的な考えの持ち主でもあったので、茶毘（だび）に付したのだと思います。

　実際、土葬はお墓を掘らなければならないのでお金がかかるとのことでした。

「ロンの遺灰はどうするの」と聞いたら、こう話してくれました。

「彼が、まだ癌にかかる前にそんな話になってね。よく釣り

をしたカナダの湖に散骨してくれって言ったのね。でもそこ
は、車で数十時間かかる原始境で物理的に無理なの、ワタシ
には。それで、その次の候補はどこ？って聞いたら、サウス
カロライナ州のエディスト島がいいな。そこに撒いてほし
いって言ったのよ」

「あるとき、shrimping（エビ採り）に出かけたのね。投網
で取るんだけどエビがいっぱい取れてね。そのあとボートの
上で二人でぼーっとしてたの。波はなく夕焼けがとてもきれ
いで、黄色い葦原がどこまでも続いて、あったかくて、こん
なとこで死ねたらいいなって彼がぽそっと言ったのね。あ
の日のことは、今でも良く覚えている……」

　帰りにふと気づいたらガレージでパソコンを使って彼の一
生をたどった写真を40枚ほど変わるがわるフラッシュバッ
クのように見せていました。

　赤ちゃんの写真から、副作用で丸坊主になってしまった死
ぬ直前の写真まで。

　それを見ていたら、我が家に遊びに来てもらったときの記
念写真が突然、現れました。

　もう10年近くも前の写真です。

　たくさん入れたい写真があったろうに、今日のただひとり
の日本人参列者に配慮して挿入してくれていたのでしょう。

　10年前の家族。幼い子供たち。そして笑顔の彼ら。

　お互い、どこから来て、どうしてここで接点が出来たのか
はおそらく神様しか知らないが、まぎれもなく一瞬の時間を
共有化して瞬間の歴史を刻んだ。

　その共同作業をした人がいなくなったんだな、と思うと、
自然に涙が頬をぬらしていました。

●地図？　さぁ、知らねーな

　アメリカでどうにもこうにも不思議なことがある。

　ふつう、知らないところに行くとき「地図」が必要と考える。

　例えば友人の家に行くとき、場所がわからないから「ちょっと地図書いて！」はふつーな事と日本人には思える。

　ところが、アメリカ人にはそれがちょっと「非日常」なことなのだ。

　アメリカ人の家に招待され「道がわからないから教えて」と伝えると、返事は十中八九「文章」である。

　例えば「どこどこの道をまっすぐ3ブロック東に行き、どこどこの角を左に曲がって2ブロックいくと左側にある黄色の家がオレの家だ……」などのように説明してくれてしまう。

　これがほとんどのアメリカ人の場所の説明方法で、地図が書かれることはまずない。

　これにまずニホン人は面喰ってしまう。

　実際にアメリカ人は地図を書くのがとても下手だ。

　あるアメリカ人に聞いたところ日系企業に入るまで「会社で「地図」などにお目にかかったことがない」と言った。

　それを聞いた純じゃぱの頭は激しくゆさぶられることになった。

　これがナゼか？という点につきよく話題になるが誰もその理由を知らない。

　もっともらしいものに「アメリカ人は図表を幼稚なもの、文章は知的なものと考える。従い、基本的に文章で行き先を教えようとする」という説。

　一見、もっともとも思うが、あまり正しいとも思われない。

　アメリカ人が全員が全員、例外なく文章を知的と感じているのだろうか。

　例えば教養のあるホワイトカラーに文を書く人が多く、ブルーカラーに図を書く人が多いなどの傾向がホントに見られるか。

　どうもそのようにも見えない。

　もっと基本的な前提があるんではないだろうか。

　地図がなじまない考え方があるのではないだろうか。

　純じゃぱはアメリカ人の考え方は以下だと考えた。

　どこに行くにもアメリカ人は自分を中心にどう動くかで考える。

　だから自分のスタートポイントが先にありきである。

　そして、どこの角にセブン・イレブンがあり、どこどこには、銀行があり、というようにポイントポイントにあるものを正確に認識していく。

　そして最終到達地にたどりつく。

　すなわち目的地への到達の仕方が「ベクトル」的だ。

　出発点と到達点、曲がるポイントと方向さえあればいい。

　非常にシンプルで時間と労力を省くことができる。

　実際にひとりで車を運転するときにお世話になるNavigationSystemはつまるところこの志向を機械化したものと言える。だからこそ、

　landmark

　という言葉が存在するのだろう。

　行動する上での目標として

　land+mark

ということなのだ。

この言葉の正確な訳語はニホンゴにない気がする。

一番近いニホンゴはおそらく「目印」だろうが、その重要性からすると重みが違うような気がする。

それに比べて地図は全体を鳥瞰し自分を見出していく方法だ。

自分の場所を地図の上に落とす作業とどっちの方向に進むべきかを決定するふたつの作業が必要で、それぞれに判断がいる。

すなわち、X座標とY座標があって、その中で到達点を定めていくという「座標志向」と言えるだろう。

文章方式が高尚で地図方式が幼稚というのは単純な発想で、それぞれに長所短所がある。

「文章」方式は判断不要で速い、単独での行動にも向いている。

「地図」は場を提供しているだけなので判断が必要なため、スピード性に劣り、かつ協働作業の方が能率が上がる。

このような日本人的な「座標志向」と、アメリカ人の「ベクトル的志向」の違いはどこから来ているのだろうか。

動かない座標の中で全体を見回して目的地を探していくという作業は、田んぼを見回して絵に描き、田んぼごとの収穫高を協働で見定める作業と似てはいまいか。

この「座標」的考え方はすなわち「農耕的」考え方ではないだろうか。

一方で、野山のどこにいるかわからない野獣を求めて、単独で自在に動き回り、獲物のいる地点を求めるというのは何となく距離と方向をもった「ベクトル」的な動きかたといえ

るのではないだろうか。

　これは「狩猟的」考え方ではないか。

「地図」なる考え方は農耕的指向ゆえもとよりアメリカにない。

　地図の訓練もされず、よって慣れてもいない。もとより仕事に使われたり、Officeにその文化が持ち込まれる理由もない。

　だから地図を使わないということになるのではないだろうか。

　landmarkという単語ひとつとってもそのような深いbackgroundがあるような気がする純じゃぱなのである。

● "英語" は英語じゃない？

　去年の夏、八ヶ岳に行ったとき、ある医大の助教授と知り合った。その日、赤岳鉱泉という山小屋で、ベランダに出て一生懸命写真を撮っていたのが彼だった。

　聞いてみると純じゃぱと同い年。医大で英語を教えている。

　アメリカ人だと思ったが、イギリス人で奥さんが日本人。

　ふたりの子供も小学校までは日本の小学校に行っていたそうだが、そのあと帰国、イギリス国内の学校に通っている。

　あたり前かも知れないがニホンゴも堪能な人だった。

　ニホンのことをよく知っている外国人と話をしたことがなかったが、とてつもなくハナシが楽なんだなぁと思った。

　例えば「ジョキョージュ（助教授）」という言葉を知っている。（←あたり前？（笑））。

　それ以外にもいろいろなニホンゴを知っている。

　英会話の中に随所にニホンゴが少し入ってくるだけでずい

ぶんわかりやすく感じる。

　日本の山の名前、穂高岳、剣岳などが会話の中で、ぽんぽんと出てくる。

　会話が飛躍的に楽しくなる。

　言葉に関しても、事物に関してもつくづく自分が「純じゃぱ」であることを実感した次第だ。

　総じてアメリカにいる日本人は、どれだけアメリカ文化をアメリカ人と共有化できてるんだろうか？

　アメリカ人にとって米国に住む純じゃぱ日本人との会話はしんどいことなんだろうなぁ？とふと思って笑ってしまったほどだ。

　そのうち彼が、日本酒の紙パックなどを持ち出してきて注いでくれる。
「好きなんですか？」と聞いたら「あんまり」と"ニホンゴで"答えて大笑いになった。

　彼に典型的なイギリス英語とアメリカ英語の違いは何かと尋ねてみた。

　英米語の相違点についていろいろな本の上で目にしてきたが、読むだけであまり印象には残っていなかったのだ。

　彼いわく、「あなたもよく知っているとおり枚挙に暇はない。ま、ちょっとだけ触れるとすれば、こんなことかな？」
「時々 It is quite well というだろう。そんな時、米語では、どういう意味になる？」
「米語では非常に良いという意味になると思いますが」
「その通り。米語ではそう。だけど英語では違うんだな。これは"まあまあ良い"の意味であって、あまり良いという意

味ではないんだよね！」

「へぇ〜！　そうなんですかぁ。じゃあ、英国人がquite wellと言っても額面通り受け取ってはダメなんですねえ」

「ま、そういうことだね」

「もうひとつ、お教えしましょう」と教授。

「I will meet you momentarilyって言うでしょう？　これは、米語では「間をおかずに」お会いしましょうという意味でしょ!?」

「いやあ、あまり使ったことがないので、よくわかりませんが、そうなんですか？」とボク。

「ところが、イギリス英語では、これは、あなたには会いますが、「ほんの短い間だけ」という意味なんですよ。だから、相手にとってとても失礼な意味になるんです」

「へ〜っ、そうなんだぁ！」と山小屋の中でまたまた、目をむいた純じゃぱであった。

　そして思った。

　日本で売っている英会話本などで「イギリス英語とアメリカ英語の違いの一覧表」を良く見かける。

　例えば、英語liftが、米語ではelevatorとなっているので注意！とか、tubeは英語で地下鉄だが、米語ではsubwayなので間違えないようにしよう！などと書いてある。

　これらはもちろん正しい。

　しかし、詰まるところ現地に行けばわかる、見ればわかるの類であり、黙ってても自然に覚える感じがする。

　知らなくてはならない違いは、実は似たような顔をしているのに微妙なニュアンスが違う上記のような言葉たちなのではないか？

　何年もそれを知らないまま、誤解を生じさせながら過ごしてしまいそうである。

　教授は面白おかしく話しながら、実はそんなところが要注意なのだ、と説明してくれたのではないか？と翌日、主峰の赤岳を登りながら思ったのである。

●痛っ！　つねるなよ！

　3月17日の朝、会社に行ったら、St.Patrick's dayと緑色で書いたシールをおばちゃんが配ってる。

　文字の脇にはクローバーのようなshamrockの絵が描かれている。

　裏がぺたぺたした紙でこれを胸に貼れっていうわけ。

　ま、貼ったからどうってことないんだがお祭りの一環ってとこ。

　お祭りっていったってもちろん休みじゃないし、みこし担ぐわけでもない。

　このぺたぺた貼っておしまいなの？って感じだ。

　そもそも季節感もなけりゃ外国のお祭りにも疎い純じゃぱにとって一体、

　St.Patrick's day

　って何？が正直なところ。

　3/17はセントパトリックスデーとは、アイルランドの国民的祝日。

　アメリカは移民の国だから先祖がアイルランド出身の人も多い。

　だから、この日はあたかも自国にいるかのようにアイリッシュバーなどで緑のビールなどを呑み、コンビーフとキャベ

ツを食べてお祭り騒ぎをする。

　もっともここは、アメリカの南部の田舎でアイルランドの人が固まって住んでいるわけでもないから、"その日がある"程度で、ニューヨークのパレードのようなことはない。

　それでも現地校に通う子供たちは、学校に行くとき緑色の服を着ていく。この日はアイルランドのシンボルカラーの緑の服を着ていくのが習慣となっているからだ。

　俗に

If you don't wear green, someone will pinch you.
（もし、緑色の服を着ていなかったら、誰かがあんたのことつねるよ）

といわれている。

　昨日、会社の同僚は、緑色の服を着ていなかった（というか持っていなかったようだ）ので会社から帰ったら、突然子供に思いっきりつねられた！と苦笑いしていた。

　ちなみに彼は父方がアイルランド系、母方はドイツ系だったが家庭にはその習慣が色濃く残っていたって言っていた。

　このSt.Patrickとはもちろん人の名前で日本語では聖パトリック。

　5世紀ごろのカトリックの宣教師でイギリス人。

　だからアイルランド人ではないのだ。

　子供のころ海賊に捕まって、アイルランドにつれてこられ、6年間も奴隷として羊の番などをさせられたなんて悲しい経歴を持っている。

　そのころは、まだ聖パトリックなどという名前ではなく

Maewyn Succat（マイウエン・スケット）
という本名を名乗っていた。

そのころのアイルランドは、ケルト人の土俗信仰の世界
だったようだが、カトリックが信仰を広めようとアイルラン
ドに宣教師たちを送り込んだ。

一旦イギリスに逃れていた聖パトリックだったが、アイル
ランド改宗の最後の仕上げとしてアイルランドに送り込まれ
たのが彼だった。60歳のときのことだった。

彼は、邪教の化身として信じられていた蛇をアイルランド
から退治したりしながら教えを広めたということになってい
る。

アイルランドには今でも蛇がいない。

30年間のお勤めをして461年3月17日に亡くなった。だか
らこのSt.Patrick's dayは、彼の命日というわけ。

現在、アイルランドの90％はカトリックの信者であり、
彼がアイルランドの守護聖人ということになっている。

ちなみにニューヨークはマンハッタン5番街にある聖パト
リック教会も彼の名前にちなんだものである。

Greenの色は、アイルランドのシンボルカラーだが、これ
は、緯度が高いのにもかかわらず、メキシコ暖流の影響で一
年中、緑が絶えない国の様子をあらわしたものといわれてい
る。

Shamrockは、アイルランドの国花。アイルランドのシン
ボルとして、世界知的所有権機関（World Intellectual
Property Organization）にも登録されている。

聖パトリックは、この土地に繁っていた牧草でもある
Shamrockを利用し、土俗信仰でも聖なるものとして考えら

れていたShamrockを使いながら、父なる神、子イエス・キ
リスト、聖霊が、ひとつの茎で一緒になっているさまを三位
一体と教えたのだ。

　ちなみに良く間違えられるらしいが、クローバーとシャム
ロックは違う植物らしく、クローバーはニホンゴでシロツメ
クサ、シャムロックはミヤマカタバミという。

　聖パトリックスデーのパレードは、最近では世界の各地で
行われているけどアイルランドが発祥ではない。

　英国軍と共に従軍していたアイルランド軍の兵隊さんが、
1752年の3月17日にニューヨークで始めたのが実は最初な
のだ。

　いまやニューヨークのパレードは15万人もの参加者があ
る世界最大のパレードになってしまった。

　後にアイルランドにも逆輸入された。

　ちなみに1992年から日本でも原宿でパレードが始まった
のだ。

　バグパイプの音がピーヒャラと聞こえてくるような気がし
てきた。

●Wetでも気分はDry……

　2ヶ月ほど前の話。

　一緒に働いている日本人のM氏が、コロラドにスキーに
行ってきた。

　純じゃぱの住む米国南部は3月はpear tree（洋梨）が満
開だったというのに、コロラドはまだまだ冬の状態で、ベイ
ルなどのスキー場はばっちり雪があったらしい。

　ところでそのMさんが言うには、スキー場で表面がちがが

ちに凍った雪の状態の
ことを英語でdryとい
うのだそうだ。

　雪はそもそもwetな
ものであるのにdryと
は変ではないか!?

　英和辞書には出てい
ないようだが、そのよ
うに言うそうである。

"言葉"とはそもそもそのような存在なんだねという話に
なった。要するに、その伝えるべき"感覚"が重要で、それ
が伝わる最適な言葉があれば、物理的な性質などはどうでも
いいということなのだ。

　ワインでも甘味のないワインのことをdryと言うことに気
づく。ワインは液体でもその味わいからするとdryという表
現がぴったりくるのだから面白い。

　日本語にもなっているけれど性格に関してもdryな性格と
言うことがあるが、これも何となくぴったり来る。

　また、純じゃぱが住んでいるサウスカロライナ州は、実は
日曜日は酒を買えないという禁酒法の名残りを残している地
域だが、これを英語ではdry countyと呼ぶ。ここで言うdry
とは酒の販売を禁止しているという意味だ。何となく酒を
売っていない→dryというのは感覚的にわかる話ではないだ
ろうか。

　先ほどの雪に関してそのような言い方を知らなかったので
M氏は大変驚いたと言う。

　ふたりで「へ～、面白いね～」とdry談義に花が咲いたの

であった。

●お母さんになってあげるっ！　……えぇっ？

　先日、見事に体調を崩してしまった。

　寒気はする、頭が重い、体がふわふわする……。

　それでも本能がそうさせているかのように会社に来る。

　ニッポンサラリーマンの悲しさ。

　おデブのキャサリンちゃん、早速それに気がついて

「どうしたの？　顔色悪いよ〜!?」

「いやあ、なんだか調子崩しちゃって。風邪引いたかな？」

「オヤジだから忍耐力ないんだよ……」と、心でそうつぶやく。

　そしたらキャサリンちゃんが言ったのだ。

　I can make you chicken soup!

（チキンスープ作ってあげようか？）

　チ、チキンスープ？

　うぅ、そんなのぜんぜん飲みたくないんだけど……。

　どっちかといえば、おかゆがいいんだが……キャサリン作れるわけないし……。

　困惑していると、純じゃぱの困惑にはメげず、キャサリンちゃん

　I will be adopted mother!

（私が、養母になってあげるわよ）

　と言ったのだ。

　おかゆ作れないんなら意味がないし、いくら何でも養母じゃ大げさ。

　鄭重にお断りして、ところで「なんでチキンスープな

の？」と聞いた。

そしたら彼女は言った。

それがアメリカのhome remedyなのよ。

home remedy、いわば「家庭での治療法」程度の意味だ。「そんなので病気は治らないよ」と言ったら、ムッとして「それが治るの！　子供のころからそれを飲んで治してきた！」と言って聞かない。

へ～、アメリカでは調子が悪くなるとこんなモノ飲ませるんだ！と納得した次第。

それに養母も大げさ。

仮に養母になるといったら年単位とかでしょうが！と純じゃぱは思う。

そのように他人の面倒を見てあげる役目をすることをadopted motherと呼べるんだという奇妙な風習も知ったのはこの時だった。

小さいころ、風邪を引いたりすると両親が、片栗粉をお湯に溶かし、砂糖を入れてプリンプリンになったものを作ってくれた。

子供心にそれはとてもおいしいものだった。

弟が風邪を引いてそれを食べてたりすると、「いいなあ、風邪をひいてて！」なんて嫉妬したものだ。

今から考えれば、あれが我が家のhome remedyだった。

今は医療も発達し、良い薬もでてきたせいか、そのような昔ながらのhome remedyの習慣はなくなってしまった。

それはそれでいいことかも知れないが、一方それを通じて家族の愛を感じたりする場面もまた遠くなってしまったような気がする。

●Sarahからの手紙

100年ぶりに米国東海岸にハリケーンが襲ったらしい。

ということで、旧友のSarahに手紙を送った。

そうしたら返ってきたのが次のようなもの。

Hi, Mr. Big Cheese!

We are fine and actually got no rain - very dry in Bluewood. We also felt earthquake last Tuesday which was centered in Virginia. Thanks for thinking of us! We have a busy week with ABC visiting for our business issues.

Take care dear friend,

Sarah

（はいはい、ミスターおえらいさん！　われわれは大丈夫でした。実際に雨はまったく降らなかったし。このブルーウッドの町はむしろカラカラでした。そういえば、先週の火曜日には地震がありました。震源地はバージニアあたり。いずれにせよ、ご丁寧な手紙をありがとうね。今週は、われわれの仕事の関係で、ABCがくるので忙しい週です。じゃ。サラ）

ここでは2つのことを感じました。

ひとつは「地震があった」は、We had an earthquake～でいいですが、上にあるようにWe felt an earthquakeでもいいんですね。

日本語では「昨日、地震あったよね～」が普通で「昨日地震感じたよね～」は小さい地震の場合には言うかも知れませんが、ふつうには地震はある、ないで表現されることが多いように思います。

もうひとつはcenterは、～を中心に置く……という意味

で動詞です。バージニアにその地震は中心を置いていた……すなわち震源地がそこにあったという意味になりますね。centerという言葉を動詞に使うのは文語的でしょうけれど、自分も含めた日本人はそのような使い方を文章の上で使うのはなかなか難しいと思いました。

（厳密なことを言えば地震には「震源」と「震源地（もしくは震央）」がありますね。「震源」とは「地震を起した地球の内部の一地点」であるし、「震源地」もしくは「震央」とはその「震源」から地表に伸ばした線が地表と交わる地表の「一地点」であり震源に一番近い地球上の場所のことを指します。でもこれは理科的な話で、日本人は震源と震源地（もしくは震央）をあまり区別せずに使っている可能性もあります）

ちなみに震源地・震央はepicenterといいます。epi-とは「上の」を意味する接頭語なので、文字通り震源の上なのでそう呼ぶわけです。

また震源（地球の内部で地震を起こした点）はfocusもしくはhypocenterというようです。

hypocenterとepicenterの明確な区別が次の説明でわかります。

A hypocenter can refer to a site of which a nuclear bomb explodes or the start point of an earthquake, below the surface where the energy is first accumulated and released. Just some extra information, right above the hypocenter, is the epicenter.

ちなみにhypo-という接頭語はハイポウ、もしくはハイプと発音して下方・過少を表す接頭語になります。

hypoだけだと皮下注射という意味です。

●中国語のえいご

　この前、中国人（正確には台湾人なんですが）と話をしていましたら、中国語で割り勘というのは、AA制というのだそうです。何でAAというの？と聞いたら「よくわからないわ！」と。

　ギリシャ語の、ana（各々等量に、同量に）に由来するという意見もあるようですが、ホントかな？　この言葉が最近中国人の若い人で流行っているらしいです。

　中国では食事は誘った人が払うのが礼儀で、割り勘は一般的ではないんですが、「誰が払う……」というのがだんだん面倒になってきて、割り勘すなわち"AA制"が浸透し始めているらしい。

　ところで他に英語を取り入れている中国語があるの？と聞いたらKTVを教えてくれました。

　これは東南アでは有名なカラオケボックスですね（笑）。

　KaraokeTV（Television）から来ているようです。

　最近カミングアウトとか言っている日本語もひどい乱れようだけど、中国語もじわじわ乱れはじめてる？

　ま、エイゴが入ったから乱れるというよりこれもまた、文化の波、時代の波なんでしょうね。

第4章　仕事編

●職場にもいた神

　アメリカの会社は本当に人の入れ替わりが早い。頻繁に人が入りそして去っていく。誰もがチャンスを狙って入社し、チャンスを求めて去っていく。

　昨日もこのようなメールをもらった。

To all associates:

Today is my last day, I will truly miss all of you. I have enjoyed working with all of you over the last 5 years; however, life goes on. Now is my time to make a move and move on. I would like to take this time to thank all of you for whatever you have done for me over the years. It was greatly appreciated! Finally, one request --- keep me in your prayers & thoughts. May God bless all of you and take care.

Sincerely,

John

　皆さんへ　今日が最後の日となりました。皆さんにもうお目にかかれないと思うと心の底から寂しく思います。この5年間、皆様と一緒に楽しく仕事をさせていただきました。しかし、今後の人生を考え、いま、動くそのタイミングにさしかかったようです。この機会を借りて永年にわたり皆様から頂いたご厚誼に感謝いたしたいと存じます。本当にありがとうございました。

最後のお願いとして……私のことを忘れないでください。そしてあなたの祈りの中でも私のことを常に忘れないでほしいと思います。

皆様に神様のご加護がありますように。

それでは。

ジョン

このような手紙をもらうと「えっ？」って思ってしまう。

去るにあたって感謝と同時に最後のお願いをしている。

何かと思いきや「祈り」を持ち出し、その中に自分を置いて欲しいと頼んでいる。

宗教心のない純じゃぱとしては「神様」は「あなたが会社を去る挨拶」とは別問題でしょ？なんて言いたくもなる。

日本で「このたび退職致すこととなりましたが、退職後も、あなたの念仏の中であなたにお会いできたらと思っております」なんて書いたら、「どうしちゃったの？」となるだろう。

日本人とは比べようもないほどアメリカ人の心の中には「神」が居るのだと感じる。

「神」が行住坐臥を見ていると思っているから、転職といった人生上の大きな出来事では、神に触れないと居心地が悪い、触れることで心の平安（Peace of mind）が得られると考えているに違いない。

困ったときだけ登場する日本人の神様・仏様の精神文化とは比べると敬虔ということなのだろうけれど、ビジネスに持ち込むくらい文化は大きく違うのだということをひしと感じた手紙だったのである。

ところでいつも行く床屋さんが言ってました。いろいろ話

すのはいいけど宗教の話だけはタブーだって。プロテスタントにも色んな宗派があるので下手なことが言えないそうです。キリスト教の中は中で大変なんですね。

●つつましやかに「早くしろ！」？

　昨日、会計課長のAlexから以下のようなEメール。

Good Friday Afternoon -Just wanted to send you a friendly reminder to that your input is required by end of day August 31st. Please let me know if you have questions or concerns.
Thanks,
Alex

　reminderとは催促状、もしくは思い出させるもの、という意味。簡単に言えば「納期を過ぎているので早くインプットしろ！」と言っている。最近はリマインダーとして日本語化もしてきている。
　文中で、friendlyという言葉を使用して怒っているのではなく「優しく柔らかにお願いしているんですよー」という感じを出そうとしているんだと思います。
　簡単な文章ですが、このfriendlyという形容詞は面白い使い方だなぁと思いました！
　しかもこのfriendlyなかなか訳すのが難しい！
「親切な催促状」では直訳すぎて意味がおかしいし「やさしく催促しています」も変。
「つつましやかに」「控えめに」ではビジネスライクではな

いし、「老婆心ながら」では依頼をしている状況では"ハズレ"。

　素人なりに"friendlyを意識しながら"意訳すると。

　金曜日の午後ですね。(計算機のデータシートへの)インプット、8/31が納期となっていますが、貴方のインプットはまだのようです。できるだけ早くインプットの方、お願いいたします。本件に関し何かあったら連絡ください。

　くらい？

　英文オリジナルでの「依頼者の催促の仕方がやさしい」という本来の意味が、訳(案)では「相手方の依頼された内容(インプット)の対応の仕方がやさしい("できるだけ")」に変わってしまった点が気になる点ですね。

　簡単な英単語でもニホンゴに翻訳するのは難しいと思わぬギャップに"唸った"純じゃぱでした。

●書面の畑でつかまえて

　今日、打合せに出ました。

　ある人が紙を配りぺらぺら説明を始めましたが、早すぎて、紙のどこを説明しているのかわかりません。

　しばらくして、とうとう隣に座っていたアメリカ人が声をあげたのでした。

　Catch me where you are!

　(おい、どこを説明しているのか教えてくれ！)

　いいことを言ってくれた。

　でも、こういうとき、そのように言うのか！　……なんてヘンに感心してました。

　サリンジャーの「ライ麦畑でつかまえて」みたいだななん

て（笑）

　こういうとき、純じゃぱならたぶん

　Let me know which part you are explaining...？

　なんて言っているんだろうな。まだるっこしい！

　そんなんで感心していたものだからずっとウワの空な会議
時間でした。

●考えはわかるけど……だめ！

　今日、会議でこんなことがありました。

　ある案件を議論していたら、女性の課長さんが以下のよう
に言ったのです。

　Conceptually I agree, but practically I don't agree

　意味は、考え方としては合意できるけれど、実際には合意
できませんね。

　ひょっと感じたのはその内容よりも

　conceptually と practically

　の対比が言葉として「美しいなぁ」。

　対照的な概念をこのような副詞で対置して表現するところ
がひそかに私の美的感覚をくすぐってくれたのでした。

●会議に登場する「リンゴとリンゴ」

　世の中、2つのものを比較することが多いですね。

　どちらが上？　　どちらがより良い？　　どちらを選ぶ？

　身の周りに意外にこういったことが多いような気がするん
ですが、比較するときは同じ基準で比較するというのが大原
則。

　でも気がつくと基準の違うものを比較するってことをうっ

かりやってる。

　大人と子供がかけっこをやってどちらが早い？と聞いても意味はない。踏み台に乗った人と乗らない人が身長を比較しても意味がありません。

　ドル建の商品と円建の商品、どちらが高い？というのも為替が絡むから簡単に決められない。

　このように「比較を同じ基準でやっている」というのを表現するとき、ホントにアメリカ人が好んで使うのが、

　Apple to apple　という言葉。

　リンゴとリンゴなら同じもの同士、その大きさとか重さとか比較できる、ということを比喩的に言っています。

　それに対し比較できないときは、

　apple to orange

　という言葉を使う人が多い。

　リンゴとオレンジを持ってきてその重さや大きさや味に優劣はつけられません。

　たとえば「その2つは、apple to orangeの比較だから比べることに意味がない」などと使います。

　会議をやっていても大変頻繁に出て来ますが、アメリカに来たころ、おもしろいことを言うな〜って思いました。

　けれどなんで「リンゴ」なの？って思います。

　純じゃぱとして今でもよくわかりません。

　元をたどると、アダムとイブがリンゴを食べて以来、聖書的な身近さからこの慣用句が使われるようになったというのが「純じゃぱ的仮説」ですが、どうでしょうか。

●来るのか来ないのかハッキリしろと言われた日

　先日、久しぶりに休暇をもらった。連続4日の休暇だ。週末を入れて6日。

　そしたらある女性社員がつかつかとやってきて、

「来週の月曜日の会議ドウシマスカ？」

　と言う。いけねー、会議があったんだ……。

「純じゃぱは出席できない。なぜなら、

　I'm gonna take days off from next Monday to Thursday....

　（来週は月曜日から木曜日まで休暇だもんね……）」

　と開き直って答えた。

　そしたら、すかさず、相手から

　Are you in the office on Thursday?

　という質問が飛んできた。

　なんでそんなこと聞くんだ？

　そしたら、

　I am wondering if you will be on that day.

　（なんでかって、その日にあんたがいるかなって思ったもんだから……）と言う。

　はたまた、純じゃぱのアタマは揺らいだのだった。

　根掘り葉掘り尋ねてみると、純じゃぱにとっては不思議としかいいようがない解釈の違いがあった。

　ニホンゴで、月曜日から木曜日まで休暇を取る、といったらフツー金曜日に会社に来る。

　ところが英語になるとハナシが変わる。

　上のように

　from Monday to Thursday

　に休暇を取るって言った場合、アメリカ人の一部は、その

人は木曜日には会社に来ると思い、一部は金曜日に会社に来る（すなわちニホンゴと同じ解釈）と理解するのだ。

確実に解釈はふたつに分かれる。

実際、会社の社長秘書に聞いてみたら、「ワタシは木曜日には会社に来ると解釈するわ」と言い、弁護士に聞いてみたら「オレは金曜日じゃないと会議は再設定できないと思うな」とはっきり言ったのである。

曜日や日にちを言う場合に使うToという前置詞クンの意味に曖昧に理解される要素があるらしい。

前者を"分析"するとこうなる。

to Thursday　と言った場合、Thursday に行き着くのは、Thursday の午前0時1分であるという考え方だ。その時間になれば、そのThursday という曜日に「行き着いた」ことになる。

東京都の端っこ例えば奥多摩に足を踏み入れて「東京に着いた！」というのと似ている。まだ東京駅には着いていないのに。

よってto Thursday というのは、木曜日の一部にでも行き着けば正しいのであって、木曜日の朝9時に出勤するときにはすでに行き着いてから9時間も経過しているわけであるから、木曜日出社するとなる。

一方、木曜日をひと塊のものとみなし、To Thursday と言ったら、その木曜日という一日の固まりの終わりまで休暇を取るというように解釈する考え方が後者である。

これはニホンゴの解釈と似ていると言っていい。

秘書の話によると、そういう言い方をする人もいるので、必ず、

Are you coming back on Thursday or on Friday?
と確認をしているそうである。

なお、上のような誤解を起こさない言い方が実はある。
from Monday through Thursday
というように
through
を使用すればいい。
これは100％間違いなく、木曜日は来ないと判断してくれ
る。
throughという言葉により木曜日を"串刺し"にして休暇
期間に入れてしまっているので問題がないのだ。
　○○から、○○まで、の「まで」に当たる訳語は、この場
合、だからthroughということになるのである。
　このようなことは、中学の先生は教えてくれなかった。
ような気がする……。覚えていないだけだろうか？

●会社にある万里の長城
　ある投資銀行の人と仕事の話をしていたときに出てきた言
葉がこれ。
Chinese wall　中国の壁
　大きい証券会社は、お客さんに株を売るだけでなく、企業
のM&Aなどをアドバイスする部門（投資銀行部門）も持っ
ていることがあります。
　その営業部門と投資銀行部門との間で"情報のやりとりを
シャットアウトする"壁のことを指して、Chinese wallとい
います。もちろん実際に壁があるわけではなく、組織上の仮

想の壁です。

　ある会社がM&Aをやろうとするとき、そのM&Aのスキームの検討や買われる会社をいくらで買ったらいいかとかそういう価値の計算を証券会社の投資銀行部門に依頼しますが、それを通して投資銀行部門は市場に公開されていない情報をたくさん知ってしまいます。

　これを同じ会社ということで営業部門が知り、それで株の売買を誰かが行うと、市場に公開されている情報でない情報で株式の売買を行ったということでインサイダー取引ということになってしまいます。

　仮想上の壁だから取り扱う人々の意識次第ということで、実際には、マル秘のM&Aの資料が机の上に放置してあったり、酒を飲みながら秘密の情報を漏らしたり、投資銀行の社員自体が悪意をもってインサイダー取引を行い不法な利益を挙げたりという事件は事実起きています。

The term was popularized in the United States following the stock market crash of 1929, when the U.S. government legislated informational separation between investment bankers and brokerage firms, in order to limit the conflict of interest between objective analysis of companies and the desire for successful initial public offerings. Rather than prohibiting one company from engaging in both businesses, the government permitted the implementation of Chinese wall procedures.

（Chinese wallは1929年の株の大暴落のとき以降、アメリカで市民権を得ていった言葉です。米国政府はそのとき法律で

144

投資銀行部門と証券部門（株の売買で口銭を得る部門）との間に情報の壁を設けました。投資対象の会社を分析して売り買いしながら得る利益と株式を最初に問題なく公開したいとする者からの利益をうまく調整するために作られました。ひとつの会社が2部門を持つこと自体を禁止せず、むしろ会社内にChinese wallを設けることを認める道を選択したのです）

　ある証券会社のWebではこのChinese wallとは万里の長城Great wall of Chinaを指すとのことでした。
　ところで万里の長城、長さが8800kmもあるんだそうです。
　日本列島の長さが3000km……。途方もなく長い壁ですが一箇所でも破られれば、もうあとの部分は意味なくなるという点では情報の壁も同じといえそうです。

●I timed him !!

　会社で一週間あったことを報告する週報会というのがあります。参加者は10人ほどですが発表時間はおよそマチマチです。ある人はたった30秒。ある人は3分。
　ところがWhite課長は、とても talkative（話好き）。
　誰も聞いてないのに本人はえんえんとしゃべる。
　あるとき、彼が去ったあと、ある女性課長が叫びました。
　I timed him and fifteeeeeeeen minutes!!!!!!!
（それで時間をこっそり計ってみたのよ、そしたら、なんと15分もしゃべってたわ〜）　それで一同大笑い。
　それにしてもtimeは、名詞だけでなく「時間を計る」という動詞にも使うんだなぁ、と初めて気がつきました。
　ふだん、純じゃぱは使えないなあと思いました。

●う○こ通信

　それがすごかったんです。

　会社の駐車場に出てみたら一帯が匂う!!

　鼻が曲がるよー……トイレの例の臭いが充満していたんです。

　他のアメリカ人がIt was awfulと言っていたくらいそれはそれはという感じでした。

　実はそれが2日も続いたのでこれちょっと「大事件」という感じで会社の敷地内案件ゆえ環境健康安全部がこの猛烈な"芳香"に対する説明責任が求められたというわけなんです。

　2日後、部として公式見解が出ました。

Hi Everyone,

This is to inform everyone that, at about 5:30 p.m. on Friday, Nov 22, 2006, many Associates smelled a foul odor around parking areas. The odor has a characteristic of human waste. The smell was still evident on Sunday afternoon.

（各位。本連絡は去る11/22金曜日の午後5時半前後に従業員のかなりの方が認識された悪臭に関する報告です。本悪臭は「人糞」臭の特徴を持ったものでしたが、日曜日になっても依然解消しておりませんでした）

We have investigated waste water systems and have now concluded that the odor was not coming from any of our systems. However, I was notified on Sunday about 4:00 p.m. that the odor is from a cheap fertilizer spread on a hay field around the area. I am not aware of any public complaints concerning the odor.　Thank you,

　（担当部門として廃水処理系統等を調査しましたが会社のシステムとして異状なしとの結論に至りました。その後、日曜日の夕方4時前後、本悪臭は、会社周辺の干し草畑に撒布された安価な肥料臭であることが判明致しました。現在、悪臭に関し住民のクレームの発生はありません）

　これには笑ってしまいました。
　いや笑ってはいけない……出した方は仕事なんですから。
　しかし、肥料メーカーももう少し考えたらどうだろうかと思えた田舎の事件でした。

●＃＃＃

　先日、広報担当役員に新製品のプレスリリースを書いてもらいました。A4の用紙2枚ほどでしたが、2枚目の最後まで読んだらこんなマークが……。

　＃＃＃

　ナンだこりゃ？　聞いてみるとこれちゃんと意味があるそうで「これ以後記載なし」「以下余白」「これで終わり」という記号でごく一般的な表記なんだそうです。
　フツー井げた3つ＃＃が多く、2つまたは4つでもいいそうです。1つはまず見ないねーとのことでした。
　Wikipediaを調べたら以下のようにありました。

　In writing press releases, the notation "###" indicates
that there is no further copy to come.
（プレスリリースで＃＃＃のマークはこのしるし以降記載が
何もないことを示しています）

　アメリカでは、自分の社会保障番号social security
numberやクレジット番号を電話のプッシュホンのkey pad
を使ってインプットすることがありますが、録音の電話の主
が指示するのが最後にこの＃マークを押せということです。
　要求された番号を全部押せばOK……と思うんですが録音
電話はそれを要求してくるので、もしかして＃はものごとの
終了を意味しているのではないかい？と聞いたら、広報担当
役員もワタシもそう思っていると。
　ダイヤル式からプッシュボタン式に変わったときこの記号
「＃」が「＊」とともに電話のKeyPadに初登場したと思い
ますが、当時使い方が決まっていなかった「＃」がどこかで
何かの拍子にピリオドの意味に使われるようになったという
ことではないでしょうか。
　ちなみにこのマークの名前、私もアメリカに行って知った
のですが、the pound signポンドサイン（発音はパウンドサ
イン）といい、名前のとおり重さの「ポンド」のマークとも
なっています。
　世界的には、number signまたはhashと呼ばれていて、
このマークがつけば番号を示すのですが、アメリカではそれ
とともに重さのポンドをも表すのです。
　こういうのはアメリカだけなようで、英語を話すイギリス
人の99％が、このpound signを電話で押せと言われると

「？」となって受話器を放り出してしまいたい衝動にかられるようです。

　pound signがなぜポンドも意味するようになったか。

　実はポンドの表記はlbが使われていますがlbの最初の1が数字の1と間違いやすいことから途中からlbに横棒をつけることにした（lb bar symbolと呼ぶ）、それを早書きしているうちにとうとう＃という形にになってしまったというわけで「＃」には実は「lb」というアルファベットが隠されているわけです。

　10＃ of sugarといえば、10ポンドの重さの砂糖を意味するものの、＃4といえばnumber4を表すということになります。

● "印刷"は潤いとともに

　できあがった書類をプリンターで印刷するとき大抵「タテ位置」ですが、図表やグラフが入ったものは「ヨコ位置」がいい場合もあります。

「ヨコ位置」の場合、ご存知のとおりパソコンが「印刷方向」を聞いてきますので、それで、□縦位置　□横位置　のどちらかを選択することになります。

　アメリカに来て、英語のパソコンを使うのは純じゃぱにとってとても大変なことだったんですが、一通り英語の書類を作ってこの印刷方向を選ぶとことろにきたら、

　-Orientaion-

　□Portrait

　□Landscape

となっています。

　そう「印刷方向」は、英語ではorientation。「タテ位置」は肖像画portrait、「ヨコ位置」は、風景画landscapeとなっているのですね。

　たぶん適当な言葉がなくて、肖像画・風景画としたのでしょうが確かに肖像画はタテ位置がフツーだし、風景画はヨコ位置がフツーですからなかなか絶妙な命名だなぁと感心し無味乾燥な印刷をするのに少しだけ"潤い"を感じたのを思い出します。

　ちなみにOrientationという言葉はもとはあのオリエント文明のOrientなのですが、何で「東」を意味する言葉が印刷方向になったかというと以下のようです。すなわちori-とは「太陽が昇る」、-entは、「状態」、すなわち「太陽が昇る状態」→「日の出」の意味が原義であり、それが「東」の意味になり「東に向ける」→「正しい方向に向ける」の意味になっていったのです。

　だから、印刷方向も「正しい方向を向ける」ということでorientationなのですね。

　これも日本語の「印刷方向」のような事務的な言葉と違って"歴史"を感じさせる味わいの言葉です。

　orientationという言葉を辞書で引くと建築用語で「教会の祭壇を東側に、入口を西側にして建てること」という意味が出てきますがこれなどは信仰的にこれが正しい方向であることを象徴的に示しているんだろうと思います。

　大学の入学式のあとなどに行われる通称「オリエンテーション」——これなども右も左もわからない新入生を「正しい方向に向けさせる」というのが本来の意味なんでしょうが、今は「事務手続きの説明」が主な内容のようで宗教的に正し

い方向を向かせるとはだいぶん意味合いが違うものになって
しまっていますね。

●○○○はないだろー！

　先日、タイトルが○○○というメールが着信した。

　またぞろjunk mailかと秒殺しようとしましたが差出人を
見ると社内の友人。内容は"暫く休む"で、アメリカでは、
e-mailや電話のボイスメッセージで不在連絡するのが通例
で違和感はない。

　「メール貰ったけど、あの○○○というタイトルはナニ？
まるでフザけたタイトルなんだけど」と純じゃぱ。

　「わはは……わからなかった？　あれはね、Out of the
office（不在連絡）のShortcutだよ。頭文字を取って○○○と
しただけ。わからなかった？」と屈託ない。

　他のアメリカ人に聞いてみたら「あまり聞いたことない、
その省略形は……」と切って捨てていた。

　日本でも「100円均一」を「百均」、「メタボリック」は
「メタボ」と言ったりするも聞けば必ずわかる省略。

　○○○はないでしょー！というのが純じゃぱの感想。

　ちなみに彼のメールの中身は以下。フツーの不在通知で
あった。

I'll be out of town to take care of a family health issue
next Monday through Thursday.

　Please contact to Alex for any issues if necessary. Please
also contact me by cell phone if you need to. I will try to
check my email, but right now I'm not exactly sure where I
can find internet service.Thanks.

●面従腹背

　アメリカにいたとき、ある女性アメリカ人課長が相談に来ました。どうしても上司の言うことが納得できないというのです。

「納得したフリしていれば？　本当は納得できていなくてもさ」

　とわけのわからないアドバイスをしました。

　そしたら、彼女いわく、それはmalicious complianceでよくないといいます。

　maliciousは、悪意のある、故意の、という意味の形容詞。complianceは、追従、へつらい、盲従、従順、などの意味ですから、悪意のある盲従→すなわち「自分の意志を曲げてまで相手に同意する」という意味なんだなと理解しました。

　日本語で言ったら「面従腹背」ということなのかな？と思います。

　彼女は最後は自分のアドバイスに了解ということで部屋を出て行き、その後は何も言ってきませんでした。

「面従腹背」していたかも知れません。

●赤ちゃん到着！

　会社の総務課の従業員がお産の休暇に入ることとなった。

　そのときに受け取ったのが以下の手紙。

　Tomという課長の下にいるMaryという女性従業員がお産の休暇に入りそのための代替をどうしていくかの通知。

Subject: Coverage during Mary's leave
Mary begins her leave of absence today. In her absence

we have arranged coverage for her primary duties below. Anyone attempting to contact Mary will receive similar direction. I wanted each of you to have this as well, in case you get questions.

International Phones/Passports–Ernie

Housing issues–Shannon

We will let you know when baby Zachary arrives!

Sincerely,

Tom、Manager

補充に入ることはcoverageと言っているが○○をカバーするって日本語でも言うようになったからこれはそれほど違和感はない。

次に不在になることを leave of absence と言っている。

これもなかなかニホン人には使えない表現。

最後に生まれてくる子供の名前は、Zacharyと言うのだが、この世に生まれてくることをarriveという動詞で表現している。

長い妊娠期間を旅してきた胎児がこの世にarriveするという表現は、なかなか日本人では使えない、だけどイイ表現だなあと思いました。

●美しい赤ちゃんのcomplexionって？

今日、ある黒人社員が、会社に赤ちゃんを連れてきました。

休暇だったらしいのですが、会社の同僚にその2ヶ月半になる赤ん坊を見せに立ち寄ったようでした。

ニホンだと、「オフィスに赤ん坊なんか連れてくんなよ」

なんて怒られそうですが、アメリカでは、こういうことはよくあります。

　赤ん坊のみならず、小学生くらいの子供が定時後にオフィスで遊んだりしています。

　母子家庭などは、配偶者に子供のピックアップ（車で学校に迎えに行くパターンが一般的）を頼めないので、自分でピックアップし、子供をつれて会社に戻って残業するなんてパターンもしばしば見かけたりしました。

　さて、女性の同僚がその赤ちゃんを抱かせてもらって、その可愛さに頬ずりをしながらつぶやきました。

　Beautiful!

（まあ、可愛いわね〜！）

　Such a good complexion!

（なんて血色のいい顔をしてるんでしょ！）

　へ〜！　赤ちゃんにも beautiful なんて言うんだ！って思いながら見てました。

　complexion

とは聞きなれない難しそうな言葉ですが、英々辞典によると

the hue or appearance of the skin and expecially of the face

と書いてありました。

　ニホンゴでは「顔の色つや」「顔色」などという意味でした。赤ちゃんの顔を見ながらそんな難しい（？）単語を使っていたのでさらにびっくりした次第です。

　調べてみると complexion とはもとはラテン語で「結合」

を意味していました。(com-：一緒に、-plex：織られた、が原意)

　それで体の中を流れる4つの体液が「結合」して、体質・気質を作ると中世生理学は考えたのでした。その体質→顔に表れるので、結局、「顔つき」「顔色」などの意味にもなったのです。

　ちなみに4つの体液とは、hot, cold, moistness, dryness と考えていました。以外に面白い起源でしたね～。

●さきの幸せあとの幸せ

　先日、会社の安全活動を記録する掲示板の前を通ったら、標語がいつの間にか変わっているのに気がついた。

　それはナンと次のようなものだった。

　Congratulation on your retirement Mr.A.

　えっ？　ぜんぜん安全標語じゃない。まずびっくり！

　Aさんとは、この会社の前社長さんである。約15年間、会社の発展を支えてきた人だがそのAさんが先だって円満退職されたのだった。社長の退職は会社としてはビッグイベントだから、掲示板も「安全標語」をちょっとお休みして、特別にこういうコメントとなったのだろう。

　日本ならさしずめ「コメントは掲示板に書かず別のところに書け！　内容は安全に特化すべし！　そもそも社長に失礼だ！」てな具合でコワモテ安全課長の雷が落ちそうなものだ。こんなところにも日米文化の違いが如実に現れているが、米国文化に慣れてしまった私にはこんなアメリカの鷹揚さが意外に心地良かったりする。

　ところで、上のコメントを見たとき、いつもの「衝撃」は

なかったものの、「ナンかヘンだぞ」が頭の中をぐるぐると回ったのであった。頭の中で標語をニホンゴに置き直してみた。直訳すると「退職おめでとう、Ａさん」ということになるだろう。問題は「退職とはおめでたいことなんだろうか？」という点だ。また退職に際し「退職おめでとう」と相手に伝えるものなのだろうかという点である。

　誕生日・入学・卒業・就職などで私もずっと「おめでとう」を言いつづけてきた。しかし退職される方への私の言葉は「おめでとうございます」ではなく、いつも「長らくのお勤めお疲れさまでした」だった。「おめでとうございます」は何かそぐわない。むしろチャカしているようで「失礼」にあたるような気さえする。若い女子社員が退社し、そのあと結婚する予定となっているという場合、すなわち定年退職でない場合、「退職おめでとう」ってなことになるかナという気もしないでもない。それでも私は言わないだろう。そのくらい純じゃぱにとってはヘンな感じがする。

　電報の文例集を調べてみた。「結婚」電報の場合、約7割に「おめでとう」の文字がそのまま使われていたし、それ以外の文例も含めほぼ全部が「おめでとう」基調であった。それに対し、「退職」の場合「おめでとう」の文字がそのまま使用されているのは、8文例中2つだけ。それ以外は、「お疲れさまでした」的基調だった。だから「退職おめでとう」は比率から言ってあまり一般的な表現ではなさそうだが、ヘンな表現とも言えない。

　ここでは日本にも「退職おめでとう」という表現が流布していることと仮定して「欧米の退職おめでとう」と「日本の退職おめでとう」とは果たして同じ意味なのだろうか？と考

えてみる。

　欧米のキリスト教の労働観からいうと、アダムとイブが禁断の木の実を食べて以来、「労働」は懲罰であり、神様が人間に与えた苦役である。スペイン語には「クソ真面目に働いている人」のことを嘲笑する「カスティガード」という言葉があるが、これは「神に罰せられた人」というのがその本来の意味だ。アメリカには失業者が多くいるが、働かない理由に「働きたくないから」を正々堂々と掲げているものが、失業者中5%近く（80万人）いることが知られている。神の御心を蹂躙した考え方だが（笑）そのくらい、懲罰を忌避している人がいるということだ。一方で、人々にとってめでたくアメリカンドリームを果たし、40代でリタイアするというのが理想である。成功したものは、それゆえ苦役を早く免除されることが当然視されている世界なのだ。

　欧米人には働いて自己実現を目指すなど「労働」に積極的な「意義」を見出す志向はまずないという感じがする。だから「Congratulation on your retirement」が意味するところは、「苦役」が神様の思し召しで無事終了したことを祝うということなのではあるまいか？「「苦役」が終わりこれからは幸せが待っている」という"退職後に視点"が向いた「おめでとう」なのではあるまいか？

　一方日本の「退職おめでとうございます」はどうだろうか？　農耕民族としてみんなで力を合わせて働き、その収穫を喜びあう。それにはみんなが同時に働くことが必要となるため、それを前提とする文化が出来上がった。従い「働かざるもの食うべからず」とされ、無意識のうちに働くことが当然視されており、それに必然性を与えるためか、美化されて

もいる。労働に自己実現なんて言葉がちょろちょろとついて回る。むろん働かないものへの視線は厳しい。定年後も日本では何らかの仕事についている人が多い。ある統計によると60歳〜65歳の人口に占める就業率は75％にものぼる。アメリカが50％。ドイツが30％、フランスに至っては20％である。働かないことが栄光である欧米人とには際立った違いがある。

近代になって会社組織が発達し定年で仕事に一旦けじめをつけるシステムができたわけだが、ここでの「おめでとう」はこれまで、大過なく無事勤めあげてきた過去の勤労に対して「おめでとう」と言っているのではあるまいか。功なり名を遂げた美しき"過去の労働時代に視点"が向いているのではあるまいか？　だからこそ「おめでとう」より「これまでお疲れさまでした」がよりしっくり来るのではあるまいか。

退職のポイントに線があり、その線の上に立って日米で同じように「おめでとう」と言っているように見える。しかし、その一線から見ている方向は実はニホンゴと英語では全く逆なのだと思う。

このcongratulations＝おめでとうと似たような仮面をかぶったニホンゴと英語の言葉の裏に実はビチアス海淵のように深くて鋭い文化背景の溝を覗いた気がした。

ちなみにcongratulationは常に複数形で
Congratulations
となる。

（時にCongratsと省略することもある。また本社を意味するHeadquarters、海沿いのゴルフ場を意味するLinksも常に英語では複数形だ）だから、上記の標語は、実は文法的には

間違いだが、そんなこと指摘するのは実は日本人だけである。

　またナゼいつも複数形なのかは良くわからない。おそらく何度も何度も心の中で「おめでとう」を言うから複数形なのだと思う。そしてそのような祝福されるべき対象に対して敵味方なく何度も拍手喝采をしてしまうアメリカ人の純粋な気持ちがこの複数形に表れていると信じている。

●丸顔のくせに長〜い

　アメリカ人と仕事をしていると、時には、言いたくないことも言わなきゃならないこともある。

　たとえば間違いの多さを指摘したりしなきゃならないことだったりする。

　It's my mistake!（それは私のミスです）

　そんなことは百万年前からわかってるんだけど……。

　何で間違いがあったのかと理由を問うことになる。

　I am not sure!

（よくわかりません）

　という答えだけ。

　少しは調べてほしかったりする。

　仕事中の無駄話がちょっと多いかな？って言うと

　Give me money!

　と臆面もなく私に言ったアメリカ人もいた。

　ちなみに叫んだ人は、地元では敬虔な聖職者。

　ま、純じゃぱとしてアメリカ人に学んでいることも多々ある。

　だから文句はほどほどに……っていうことにしている。

　あるとき、文句を言っていたら相手のアメリカ人が悲しそ

うな顔をして言った。

Looooong face……

相手の部下は丸顔だったから尚更、ナニを言っているのか？とそのときは理解できなかった。

長い顔とは何か……!?

あとから聞いてわかった。

Long faceとは「長い顔」ではなく

気持ちのあまりよくない顔、という意味だったのだ。

確かに、アメリカの漫画などをみると呆れたようなとき、顔が長く描いてある。

こっちの方がLooooooooong faceだよって純じゃぱは心で叫んでいた。

●おいら肩が上がったかな?!

アメリカ人会計課長に子供が高校を卒業したという話をした。

ひとしきり卒業式の様子を話したら、

Your shoulder is up?

って聞いてきた。

「ナニそれ？」って聞き返したら、だって、とりあえず、親の務めがなくなって肩が楽になったんだろう……と。

それはニホンゴでは、肩の荷が下りた、と言うのだよ……と説明してあげて、改めて二人でその違いにカラカラと笑った。ニホンゴでは「荷物」が主語なのに英語では「肩」が主語。

でも言っている内容は両方とも同じ。

うるさいことを言えば、荷物がなくてもあっても肩の位置

は一緒だろう！（笑）なんて野暮なことを考えたりもするが、そこは比喩表現というものだろう。

改めて英語とニホンゴの微妙な違いに感心したのだった。

●まんぼーじゃんぼーって？

今日、外注会社との契約書ができてきました。

ご存知のとおり契約書の英語っていうのはやたら堅苦しく、はっきりいって読む気がしない。

アメリカ人に「悪いけどこれチェックしてくれない？」と頼んだらいつも通り、

No problem!

という軽いのりだったので、ラッキー！って思いました。でも実はこれがアブナイ、ということも長い経験で知っています。

案の定、一週間たっても返事がきません。

しびれを切らして「ねえ、あれどうなった？」って聞きました。そうしたら彼、一呼吸置いて、

It is legal mumbo jumbo.

と言ったのでした。

まんぼーじゃんぼー？

ナンだぁ、そりゃ〜？と尋ねると、ひとことで言えば、

hard to understand

だと説明してくれました。

例えば法律用語のような難しい言葉の羅列などが典型的な例とのことでした。転じて演説文など、だらだらしていて読む気がしない文章のことも揶揄の気持ちをこめてそう呼ぶとのこと。

　念のために手持ちの英和辞書（ジーニアス英和大辞典）を調べると、

①スーダンのマンディンゴ人の守護神

②（軽蔑の意を込めて）無意味な迷信的呪文・崇拝物、わけのわからない言葉

③超能力を持つと信じられるもの。畏敬の念を起こさせるもの

という意味が出ていました。

　ついでにこのヘンな言葉の語源を尋ねると以下のようでした（Wikipedia）。

It was coined during the time when Great Britain was colonizing areas of the globe inhabited by native tribes that practiced mysterious and puzzling rituals which were then called "Mumbo Jumbo" in imitation of the inscrutable language and rituals of local native tribes.

（大英帝国がアフリカを植民地にしていたころ、現地にあった神秘的な崇拝物や祈祷などの習俗が、当時のイギリス人にとって理解できなかったことから、彼らの言葉の一部をまねて「マンボージャンボー」と呼んだ）

Actually, both words are in swahili.Both words mean simply "hello" "good day"). Mumbo is the plural for jumbo. You would say mumbo to the oters, and the others would answer jumbo. All the British would catch from the conversation is this "mumbo-jumbo". The spelling in swahili is jambo, but the pronunciation is indeed best approximated

by the English jumbo.
（実際、スワヒリ語のHelloの単数形がjumboで、複数形が
mumbo。イギリス人たちはこの挨拶を用いて理解不能な土
地の習俗の代名詞にしてしまった（実際のジャンボはスワヒ
リ語ではjamboと綴る））

またコンサイス・オックスフォード辞典によると:

Mumbo Jumbo is a noun and is the name of a grotesque
idol said to have been worshipped by some tribes. In its
figurative sense, Mumbo Jumbo is an object of senseless
veneration or a meaningless ritual.
（マンボージャンボー（名詞）は、ある種族によって崇拝さ
れてきたし続けてきた一風変わった偶像のことを指しますが、
それが転じて比喩的に無意味な尊崇の念や意味を持たない習
俗のことを指します）

純じゃぱに言わせれば英語そのものがmumbo jumboの塊
ですね。

●おまえ、おれたちの居場所を見つけたな！

仕事で付き合いのあったピーターというアメリカ人がいた。

この男、アメリカ人にしては、自らの食の開拓に熱心で、
アブラギトギトの豚の背油（fat backという）や、牛が食う
ような豆、甘すぎるコールスローなどしか食べない南部アメ
リカ人の中にあって、珍しい存在だった。

ニホンからのお土産で煎餅をわたせば「Senbei!」とか叫
んで喜んでバリバリやるし、あんこの入った饅頭を食べさせ
れば「Manzyu!」と言ってもぐもぐ食べるやつだった。

　ナンだかニホンを受け入れてもらったような気がして（それはヤツが単なる雑食性のダボハゼ人間だったのかも知れなかったが）ニホン帰国の折に必ず土産を買うようにしていた。

　その時は饅頭を買っていってやった。ナマものなので早い方がいいと思い、日本から帰ったその足で自宅に持参したが不在だ。あらかじめ、土産持って行くからねと言ったはずだが……と思ったが、あきらめて帰った。

　翌日、連絡して、居なかったぞ！　と言ったら、OK、OK、必ず居るからとの返事。しかし、その晩も再訪すると家族ともども不在。

　翌日電話をすると、すまん、都合が悪くなったんだ。今晩は必ず居るよ（そのときは、また携帯電話がなかったころ）。なんといういい加減さ……。

　その晩、再々度、訪問すると、やっとピーターが玄関口に出た。すると奥からピーターの奥さんのエリザベスが声を張り上げて言ったのだった。

Finally you got us home!

　最初はナニを言われたかよくわからなかった。

　その英語の言い回しにも慣れていなかった……。

「とうとう、家にいる私たちを見つけたわね！　あんた！」って言われたってことが理解できたのは、しばらく時間が経過してからだった。むこうは愛嬌半分、ユーモア半分で言ったのだろう。

　ちょっと待った。居るっていうから来ればいなかったのはおまえさんたちじゃぁないか！　それでいてついに見つけた

とは何事だ？　その言葉には結構ショックでしたね。

　国際化とか、国際交流とかカッコのいい言葉が巷間あふれているが、実のところその真の中味を語れる人はそう多くはない。

　それは、英語でハロー！と言って意思疎通することでもなければ、「刺身を食べられますか？」などと言って交流することでもない。

　本当の国際化とは、このように考え方や文化のベースの岩盤が違う人たちが居るということを「まず受け入れて飲み込んでいくことではないか。それはキレイごとでは済まず、一定の痛みを伴うのだ」と、しみじみ思ったのである。たとえ、ピーターがかなりルーズな部類だったとしても……。

●早い鳥のえさはお寿司？

　自慢じゃないですが、私は朝が弱い。

　だから、会社に行くのはいつもぎりぎりだ。

　ところで、アメリカ人はおおかた会社に来るのが早い。ひどい人になると、なんと朝4時に会社に来ている（当時の副社長さんだったのですが）。

　でもそれがアメリカ人のフツーの感覚だったようです。「みんなと一緒に仕事しているんだしさ、自分だけ仕事が片付けばいいってもんでもないでしょ？」って言いたくなりました。

　そして、夕方は4時くらいにはさっさと退社して家族の時間を過ごすという人が圧倒的に多い。

　夜の残業というのはめったにしないし、やるときはあらかじめ決めてやるっていう具合でしょうか。ちなみにあまりに

残業が多く奥さんから離婚されたというアメリカ人の話を聞いたこともあります。

　日本人は自分も含め、その逆をいっている人が多く、アメリカ人が4時くらいに帰ると「よっしゃ～、いっちょ仕事するか！」って腕まくってる人が多い。

　確かに時差のある日本との交信も仕事だから残業になってしまうけど、これって良くない習慣ですね。

　そんな純じゃぱのあだ名は

night owl

　owlすなわちフクロウ（梟）は、夜遅くまで起きている象徴なんでしょう。一方で早起きの典型的なアメリカ人は、
　early bird
　って言っています。

　自分が割りと早起きで早めに会社に来るんだ、などと表現するときは
　I'm early bird
　と言います。

　night owlとearly birdはこの意味においては、一対の言葉となっています。

　owlもbirdの一種と思いますが、この表現の場合、別物として取り扱われているようです。

　写真は、そんな日本食レストランの広告です。early birdさんにお安くしますってことです。

　この場合は「夕方、店が混雑する前」という意味でearly birdを使っていますので、本当の早朝ではありません。

166

日本の幹線道路の定
食屋さんで「"早い
鳥" 定食500円」
(笑)なんて作っ
ちゃったら面白そうだ
けど、「オレは鳥じゃ
ねえ」って徹夜で運転
してきたトラックの運
転手さんに怒られそうですね。

●おまえよく見つけたな～！

　会計課のTomと彼が作った資料をチェックしていました。
損益計算書など目が痛くなりそうなのをガマンして見てみる
と変なところがあります。
「ちょっと～。ここ違ってるんじゃないー？」
　そしたら、じっとその箇所を見ていたTom、おもむろに
口を開いて……

　Oh, you have a keen eye!
　（おぉ、おまえ、よく見つけたなぁ！）
　間違えたこと謝るまえに、こう来たか～！
　恩を着せるわけじゃないけど、ふつ～、ありがとうぐらい
言うんじゃない？と思いつつ口にも出来ず、ただ目を丸くし
てました。
　それにしても「おまえ、よく見つけたな」とは何たる文化
の違い……。
　でもこの表現、面白いなと思いました。
　辞書ではeyeは「目」の意味のほかに「監視の目」「注

視」「眼識」などの意味があります。

She has a keen/good/sharp eye for beautyだと「彼女は
すばらしい審美眼がある」という意味です。

子供がアメリカで野球をやっていたころ、ボックスに立っ
たバッターがボール球をしっかり見送ると

Good eye!!

とコーチが叫んでいたのを思い出しました。

ちなみにこの熟語、常に単数形で使うらしいです。両目で
見ているのに……ナンか変ですね。

手持ちの辞書では「目の働き」が意味的な主題となってい
るので単数！との説明になっていましたが、「文法」はいつ
も正当化して人を惑わします。

●何かヘンだよな……

会社の総務部に飛行機やホテルなど出張の手配をお願いし
ました。そうしたらそこの女性から手配済の予定とともに以
下のコメントが着信しました。

Hi Jun-Japa

Here are your finalized travel arrangements. I hope you
have a good trip.

そこでThanks a lot. と礼を述べると次のような返事が来
ました。

No problem.　Love to help：）

この答えでした。

感想を3点簡潔に述べよ！と言われたら……。

・感想その1

　Thanksに対して「どういたしまして」をNo problemで返されるのは、実は今でもなかなかしっくり来ません。

　You are welcomeはちろん使われますが、No problemもかなり頻繁に使われます。

　「問題ありますか？」への答えとしてはパーフェクトなんですが。

・感想その2

　love＝純愛と思ってしまうのが純じゃぱ。

　だからLoveなんて言葉使われると一瞬、どきっとしてしまう……。簡単に使うなよ！なんて思うんですが、どうも日本語英語の感覚が抜けません。

　英語でのloveは、重いものから、かなり軽いものまでありますね。女性からの文章にloveを見かけても別に自分のことが好きなわけではないので……

・感想その3

　最後の：）は顔文字。横から見れば笑っている。

　日本では、ビジネスの世界で顔文字はあまり使いません。

　顔文字をユーモラスにビジネスに使うのは、アメリカ文化でしょう。しばしば見かけます。

　しかも顔文字、いつも90度横になっているのも英語顔文字の特徴です。日本ならさしずめ（＾＾）となるんでしょうが、アメリカでは見かけません。

　怒った（フリをする）とき、は：（となるのでしょうか。

　ナニか口が離れて間抜けな怒り顔のように思えます。

●ax

　実はこの言葉、辞書には出ていません。

　アメリカに来たときある African American（黒人）の管理職がこの言葉を頻繁に使うことに気が付いたのです。

　我々が中学で習ったaskアスクを彼は、axアクスと発音するのです。

　最初は、askをaksと覚え違いかな？と思いましたが、黒人たちが白人たちとは違う英語をしゃべることは気付いていたので、それを察することはできました。

　だいぶたってから黒人たちがしゃべる特有の言葉のことをebonicsというと聞きました（これは、ebony（黒檀＝黒人）と phonics（発音中心の語学教授法）との合成語）。

　枚挙に暇はありませんが、ebonicsは、askをaxと発音する以外にも、3人称単数現在のsがなくHe makes it がHe make itになったり、I ain't do nothing!と二重否定（Double Negative）なのに「何もやっていない」の単なる否定の意味になったり、I got this done（それを終えた）がI got this didとなったりします。

　どちらかというと文法の原則から外れていたりすることが多いため、アメリカでも言葉を専門にしている人たちからは、無教養uneducatedだったり、無学ignorantという見方をされがちのようで職場にいるSusanは、その言葉を聞くとどうしてもそういう印象がぬぐえない、それは差別的な意味でなく実際にテレビのアンカーマンなどをやっている教養のある黒人はebonicsをしゃべらないね……と言っていました。

　ebonicsは、もともと黒人たちがアフリカの先祖を意識す

る形で出現したと言われていますが、黒人たちの使う英語に
この言葉ebonicsが使われだしたのは比較的新しく1973年に
心理学者ロバート・ウイリアムス（黒人）が会議の中で使用
し1975年にはebonicsに関する本が出版されてからです。全
米に知られるようになったのは1996年にオークランドの教
育委員会がebonicsを第2言語化し、それを媒介にして正し
い英語を黒人の生徒に教えようと決議をしてからのことです。

　公民権運動が起こる前は白人と黒人が生活自体が分かれて
おりそのような状況の中で、黒人独自の言語文化が花開いた
といってもいいと思います。

　黒人たちもそれを誇りにして使ってる部分もあるのでしょ
うが「なまり」のように親や親戚、友人から引き継いでしゃ
べってしまうケースも多いようで、白人と黒人が一緒に学ぶ
現代では、この傾向は次第に薄れつつあるのではと、あるア
メリカ人が教えてくれました。

●夜11時のいいよ

　いや、契約結ぶのも大変でねー。なかなか相手が条件を呑
まない。

　予定の時間を使い切ってギリギリになったら、そのままで
OKと言って来たんだ。今まで全然首をタテに振らなかった
のに……。

　なんて話をLisaにしてました。

　そしたら、Lisaが「そういうの英語では11th hour
negotiationっていうのよ。労働組合と会社の交渉なんかに
よく使うんだけど、ふつうの交渉のときでもよく使うわね。
真夜中の12時が交渉のデッドラインでその1時間前になって

妥協することから来ているのよ」
　なるほどなるほど……。
　どの国でも同じなんだなー。
　いくら時間があっても結局決めるのは最後の最後。
　これって交渉術？
　ともかくこの表現、次のような感じで使うんだそうです。

　The management group made some 11th hour
compromise in order to avoid work stoppage strike.
　（経営陣はストライキを避けるため最後のギリギリのタイミ
ングで妥協した）

第5章　趣味編

●あんた、日本人だろ！

　マレーシアのキナバル山登山には、お守りを持って行きました。

　多くの人が登り降りする山とは言え4000mを超える山ですから母が持っていけと送ってきてくれたものです。

　これはありがたい、とザックにつけていきました。

　マレー人たちは日本人と非常に顔立ちが似ています。おまけに中国系も多いので、なおさら日本人かマレー人かわからなくなります。

　キナバルの山に入っても登山客もガイドもポーターも日本人と似た人が大変多く歩いている。

　あるpondok（英語でshelter）で、一息ついていたら、マレー系の人から、

「あんたニホンジンでしょ」

と突然言われました。

　マレー人が急にニホンゴをしゃべったのにはびっくりしましたが、自分がニホン
人であることが一発で
わかったのにもびっく
りしました。

「何でわかりまし
た？」

「すぐわかったよ。
だって『お守り』ぶら

さげてんだもん……」

　いやぁ"お守り"で見分けられたとは思いもしませんでした。

　マレーシアで神社のお守りをつけているのは確かに日本人だけですかねー。神様お守りくださいという感じで身につけてたんですが外国では日本人のシンボルになっていたわけで。生活に密着した無意識の行為が外国人の目では独特なものとして写っているんだなーとおもいました。

　きっとそれって文化とか宗教とかと言われることの片鱗だったりするんでしょうね。

●続けませんか？　山登りを

　先日、ハイキングに行ったときのことです。

　いつも一時間くらい登ると休憩を取りますが、その時も流れる汗をぬぐいながら休憩していました。10分ほどたったら、ガイの長男のニックがおもむろにいいました。

　Shall we continue?

　簡単な英語でしたが、頭の中に「？？？」が点灯したのでした！　このシチュエーションで言うならニホンゴでは「さ、出発しましょうか？」だろうと思ったのです。

　そして、それをそのまま

　Shall we strart?

　と翻訳されるのだろうと思ったわけです。実際に自分が言えと言われたらそのように言うでしょうね。ガイにそのことを聞いてみました。彼の説明は面白いものでした。

「もう山登りはスタートしており、たとえ一旦は休憩しても基本的にそれを続けるのだからccontinueだ」と言うのです。

　ニホンゴでは、「続けましょうか！」とはメッタに言わないと思います。やはり「行きましょうか！」「出かけましょうか！」「出発しましょうか」だろうと思った次第です。
「続ける」を使うのなら「山登りを続けてる？」というように趣味として永年親しんでいるときに使いますね。

　彼によるとShall we start も正しい英語だと教えてくれました。
「どこで一連の行動が終わるか」の捉え方でその使う動詞が違ってくるわけですが、英語にはそのバラエティがあるのは面白いなぁと思いました。

　ちなみに出発しましょうには、馬を使ったスラングもあって

　Shall we saddle up horses? Let's ride!

　という言い方もあるそうです。
「さぁ、鞍をおいて馬に乗って出かけよう！」という意味です。ニホンではまずお目にかからない比喩表現で西部のカウボーイ時代の表現が今でも生きている例です。

●黄色いジャケットに走った日

　ここのところハイキングに続けて行っているのにはわけがあって、実は8月後半にアメリカ大陸の最高峰（アメリカ合衆国の…ではないのだが）Mt.Whitneyに挑戦しようと思っているからです。

　それで先週もまた、トレーニングのためのハイキングに出かけました。

　午後、汗びっしょりになりながら下山していると、別のグループが休んでいるところに出くわしました。岩棚から水が

バシャバシャ落ちている場所です。暑い日だったのでみなアメリカ人らしくTシャツのまま思い思いにその"シャワー"を浴びています。うぉー、気持ちよさそー！

　自分もすぐに頭から浴びましたが、チョー気持ちよかったー！　暑かったし重い荷物で汗だくだったからねー。

　そしたらその一行の中のひとりが話しかけて来ました。

　You guys ran into yellow jackets?

　むむむ……。どういう意味？

「黄色いジャケットに走った？」とは……。

　同行していた友人のガイがそれに答えて会話を続けてくれました。それを聞いていて、何とか理解できたのでした。

　実は、ここに来る30分ほど前、ガイがでかいハチに刺されかかりました。彼が突然「ぎゃーっ！」と叫んだので見たら、数匹のでかいハチが彼の周囲をブンブン飛び回っていました。それで、これはやばい！とあわてて走って下りてきたところでした。どうやら登山道の脇にハチの巣があって通りかかるハイカーに襲いかかっていたようです。

　彼らも同じような被害にあったらしく「(ここに降りてくる途中) スズメバチにやられた？」という質問なのでした。

　そう、

　yellow jacket

　とは、「スズメバチ」のことだったのです。

　run into ～

　とは「走りこんで行った」という意味ではなく「偶然出会う」という意味でした（昔むかし、高校で習ったような記憶が……）。

　ちなみにスズメバチを意味する単語にはwaspとかhornet

とかがあります。

　アビスパ福岡のアビスパとはスペイン語でスズメバチのことを指すそうで、スズメバチはその攻撃性から、軍隊や、スポーツでよく引用されます。

　仮面ライダー一号もスズメバチがモチーフになっているらしいです。

　実際スズメバチに刺されて死ぬ人は日本国内でも年間30人ほどに達し、「人間様を死に追いやる動物」としてはクマなどと比較にならないようです。

　黄色いジャケット、恐るべし！（実際のスズメバチはクロと黄色のまだら模様だったので、黄色のジャケットを着ているよりは、黒と黄色のラグビージャージのような感じです）

●ウンチは持ち帰れ！

　Mt.Whitneyはアメリカ大陸では一番高い山なので、大変な人気があります。入山者数は日帰りで一日100人、キャンプでは60人と決められており、入山するには、公園管理事務所に入山許可を申請し、かつ抽選に当選する必要があります。

　今回も8月に登るというのに、3月に申請を出し、応募4年目にしてやっと当選することができました。

　そんな人気の山の登山口にあったのが写真の張り紙。

　Don't leave any surprise for other visitors

　Pack out your poop!

（ほかの登山者に「サプライズ」を残すな！）

（自分のウンチは袋に入れて持ち帰れ！）

　それにしても、これには驚きました！

確かに入山前に公園
管理事務所で渡された
のは、

waste disposal bag

このwasteとは、単
なるゴミという意味で
はなくhuman waste、
すなわちウンチのこと
です。

ワタシ自身はキャンプ場に、鼻が曲がりそうに"芳香"を
発していたトイレがあったのでこの袋は使用しませんでした。

トイレで仕事をしていたレンジャーの話では、流水に汚物
が流れ込んで環境が破壊されるため、トイレを撤去し入山者
に「ウンチ持ち帰り」を義務づけるという話も出ているそう
です。

家に帰ってきてからアメリカ人に話を聞いいたところ、ウ
ンチはフォーマルにはstoolというようですが、医学方面で
使われることが多いそうです。

医者と便の潜血反応の話をしていたときにもウンチのこと
をそう表現していたことを思い出しました。

インフォーマルにはpoopと言い、写真は、直接的かつつく
だけた表現となっているようでちょっと驚きました。

よく映画で聞くshitも「ウンチ」ですが、日常的にはニホ
ンゴの「くそっ！」（これはまさに直訳だが！（笑））という
意味に使われて人を不快にさせる可能性が高いので避けるべ
しとのことでした。

なお、犬の散歩のときに犬のフンを処理するためのシャベ

ルのことをpooper scooperというのだと教えてくれました。

　ちなみに手持ちの新英和辞典（研究社第5版）ではpoop
は掲載されていませんでした。なんででしょうね。

●神のいる谷で

　Mt.Whitneyの登山
の帰り、有名なザイオ
ン国立公園に寄ってみ
ました。

　ラスベガスより3時
間ほどのドライブ。平
坦だった場所が川の長
年の下刻作用で削られ、

できた急峻な谷がそのまま目玉となっている自然公園です。
地形的にグランドキャニオンやヨセミテと良く似ています。

　一日だけの滞在でしたが、Narrowsの沢歩きにも挑戦し
充実した一日となりました。

　さて、このザイオンとはどういう意味なのか？と思いいた
りました。

　もともとZionは、イスラエルの首都、エルサレムの近郊
の砦の名前でした。またそれは、そのままエルサレムという
町の意味を成すことにもなりました。

　のちにダビデがこの砦を奪取しダビデ市と町の名称を変え、
そこに幕屋とよばれる古代ユダヤ人の移動式の神殿を置いた
のです。

　のちソロモンが、そこを奪還し、そこに聖櫃と祭祀にまつ
わる道具を設置しました。

　BC8世紀の預言者イザヤは、そのもと砦のあったZionの丘に神が住むのだと言い残し、のちに記録がその丘Zionを永遠のエルサレムそして天国であると残しました。

　英和辞書を見るとさまざまな意味が載っていますが、この場所に自分の身を実際に置いてみると「神のいる天国の谷」という表現がぴったりくるような神韻縹渺たる（ニホンの神社の境内とは違った感覚の）場所のような気がしました。

　なお、ザイオン国立公園に行ったら、足が悪くない限りナローズ（Narrows）に行くのがお勧めです。技術的に難しい箇所がなく膝〜腿くらいまで水に浸かって昼なお暗い幽谷散歩を楽しむことができます。ちょっと童心に帰ることができるのがいいですね。

●真っ赤に燃える炎のトレール

　アメリカの田舎のハイキングコースは、多くは州立公園であるstate park内に固めて設置されている。山麓のvisitor centerを基点にして、いくつものハイキングコースが四方八方へと散っている。

　ハイキングコースの入り口はtrail headという。これもまた面白い表現だなぁと思いつつ案内板を見ていたら、あることに気がついた。

　コースAには、red blaze、コースBには、blue blazeなんて書いてある。たしかblazeは、炎とか光輝くものとか言う意味だったはずだ。

　だからニホンゴで言えば「青いイナズマコース」のノリか？と思った。

　ところが、実際にred blazeのコースに入ってみると、と

ころどころの木の幹に赤いペンキがつけてある。

ははぁ、夜でも歩けるように赤い蛍光塗料を使っているからred blazeなんだぁ納得、納得……と思って家に帰ってきた。

念のために調べてみるとblazeとは、「道標として木につけた目印」というちゃんとした意味がある。そして、もともとは、「木の皮を剥いでしるしをつける」というのが意味だったのだ。

英々辞典では、下記のように言っている。

a trail marker, especially a mark made on a tree by chipping off a piece of the bark

日本語で言えば「ナタ（鉈）目」ということで、これがあれば、やぶのなかでも道に迷わない。

職場のおばちゃんに聞いてみたら、blazeは名詞で使うよりも動詞で使ってblaze a trailという言い方で「道を拓く」という意味で使うと教えてくれた。だから本当は道を拓いたときに使った道しるべが転じて、よく踏まれた道にも使われるようになったのである。ちなみに馬の鼻にある縦長の白い筋もblazeという。

また、日本語のブレザーとは、実はblaze+erであり、（従い、発音もブレイザーなのだ！）輝く洋服という意味になる。元は色がひときわ輝いて人目を引いたジャケットという意味からきていたのだ。単語"blaze"、あなどるなかれ！

●おれ、ブービ～？

日本人主催で日米人親善ゴルフ大会を行いました。

表彰式になり司会が優勝者、2位……と各賞を発表してい

き最後はブービー賞となりました。

「ブービー賞……Todさん！」と司会が言うとTodはどういうわけか首を傾げています。

「どうしたの」と私。

「おれ、ブービー？」とTod。

「そうだよ」

「だって、ボクの下にもうひとりいるじゃん」

「？……だから君がブービーだよ」

　顔に「？」マークを一杯くっつけ商品を貰ってました。

　あとでどうしたの？と聞いてみて大笑い！

　日本ではブービー賞は"ビリから2番目"ですが英語では、boobyは一般的には最下位の人を指すんだそうです。

　もともとゴルフコンペにはbooby prizeなるものはなく、仲間うちでやるときに賞として設けることがときどきあります。

　賞にした場合、最下位という場合が多いのですが時にわざと不吉な番号の13位としたり（笑）、順位でなく一番多く池ポチャした人や一番ロストボールが多かったドジな人を表彰する幹事もいます。

　boobyの語源は、スペイン語のbobo（ばか者）とのことですので何らかのへまをやらかした人に渡すのにはちょうどいい賞ということになりますね。

　boobyを省略してboobもバカ者、どじ、へまの意味になります。

　日本のブービー賞もその流れをくんで最下位に渡していたらしいのですが、誰でもわざとやれば取れる賞ということでいつしか最下位から2番目に変わってしまったようです。

●Brown trout って何？

　先週の土曜日、久しぶりに川に釣りに出かけた。

　雲行きは怪しかったがざあざあ降りにならず、温かい春雨にちょいと濡れての心地よい釣りとなった。

　ゆっくり釣りにでも……と出かけてきたわけだが、釣り始めるとこれはもうサカナとの真剣勝負。6時間ほどがんばって、帰る時は来た時よりも疲れていた。

　サカナとの決闘の末、6匹のrainbow troutを釣り上げた。

これはニホンゴではニジマスである（写真）。

　ちなみにこの川は2種類の魚がいてもう一つの種類はbrown troutという。

　一緒に行ったKojackさんは活きのいいやつを何匹か釣り上げた。

　レインボートラウトには立派にニジマス（虹鱒）という訳語があるのにブラウントラウトには適当なニホンゴ訳がない。

　英和辞典を引いてもブラウントラウトとしか出ていない。

　これではそのままではないか！と思ったが、lionもライオンだから同じかなと思ってみたりした。

　ニジマスは釣ったあとすぐに弱るが、ブラウントラウトはいつまでもしぶとく生きている。野生の生命力を帯びたサカナという感じがする。

　ちなみににじますは北米原産、ブラウントラフトは欧州原産で同じtroutでも出身地が違うのである。

　欧州原産ということで、あのシューベルトには「ます」という作品があるが、実はこのマスは、このブラウンのことを指している。

　ところでナゼ6匹も釣れたか、そこにはヒミツがある。実は当局が定期的に放流しているのだ。だから素人にもある程度釣れるのである。もちろん一年間有効のサウスカロライナ州共通の釣り許可証を買わなければならない。でも＄15/人程度だから、まあ一日ゴルフをやると思えば一年有効だから安い。

　釣ったサカナだが大切に持ち帰り、塩焼きにしていただいた。

　最近は、catch & releaseが流行で、釣ってもすぐにリリースする人も多い。純じゃぱの場合には当然catch & eat主義ということになる。

●Bayouって？

　5/29の月曜日はMemorial Dayで会社は休みでした。

　そこで先輩Mさんと一緒に車でNew Orleans（ニューオリンズ）に行きました。片道10時間ほどかかりましたが、交代の運転なので楽でした。

　アメリカ人たちは、このくらいの運転はごく当たり前のようにするようですが、純じゃぱには長すぎますね。

　ニューオリンズは、Mississippi川が作り上げた三角州の上に成り立っている町なのですが、この三角州がとてつもなく巨大で、クルマで1〜2時間走っても、まだタイラな土地の上です！みたいな感じ。

　地図でも理解できますが、実際に走ってみると草原、池、

沼、小川、林などが交互にやってきながら、どこまでも山の
ない平坦な地形が延々と続きます。

　もちろん海抜はほとんどゼロかせいぜい1m。

　いつぞやの巨大ハリケーン、カトリーナでなくても高波や
大雨、ハリケーンが来たらとたんに冠水してしまうんだろう
なということが実感としてよくわかります。

　さて、このような海抜ゼロメートルで、沼のようになってい
る場所のことをbayouということに気がつきました（写真
はそういうぐちゃぐちゃしたところでも格別景色の良いとこ
ろを撮りました）。

　州間道路を走ってい
るとこの名詞を付けた
沼や池や湿原がやたら
に多いのです。

　辞書の和訳では、
『米南部の大河の支流
や湖の流出水が形成す
る沼沢地の入り江、河
口、バイユー』とあります。

　へぇ、こんな言葉があるんだ、と思いました。

　英々辞書の訳によると……

（In the Southern US）a marshy outlet of a lake or river

っていうことですから、正々堂々の米国南部にだけ使われ
る地名方言とでも言ったらいいかも知れません。

　18世紀のルイジアナ州フランス語が起源らしく、そのさ
らに遡ると、インディアンのチョクトー族Choctawの言葉
で "bayuk" となるようです。

かつて何の役にも立たなかったであろうこのBayouが、現代では、船めぐりなどの観光資源にもなっているようで、この言葉が醸し出すフランス語系のノーブル感がなんとなく単なる沼地巡りに"彩り"を添えている感じがしたのもこれまた不思議な気分でした。

●おまえはヤギだ！

友人のガイとハイキングに行ったときの話を書きましたがやはりそのときの話です。

ワタシは体がまだ疲れていなかったので、すたすたと山道を登っていました。ところが、ガイは、体調が悪いらしく思うようについてこれません。しばらくしてやっと追いついてきたので

Are you OK?

と聞きますと、すかさず、彼が叫んだのは

You are a goat!

でした。

What do you mean?

と返すと

You're a mountain goat!

と再び言いました。

私は目が点になりました。意味がわかりません。

聞いてみると、山をすたすた身軽に登っていくのは、まるでヤギのようだと言うのです。ヤギってホントに山に登るのかい？　たとえ登るにしてもほんとに山登りの達人かい？ってな感じで目がまた点に。

ニホンで、山をすたすた登るのは、何でしょうかね。

　韋駄天ですか？　あるいは天狗でしょうか。

　いずれにせよ、早く登るもののたとえが、アメリカ人の心の中ではヤギだったので驚いてしまいました。

　そういえば、ヤギは漢字では山羊と書きますから、山の羊であることは間違いないのかも知れません。

　例えるものがこのように違っていることにまたまたニホンとアメリカの文化の溝を見たようで思わず笑ってしまったのでした。

●山の中のオヤジギャグ

　ハイキングをしていて、急な登りにかかりました。

　これまでわいわい騒いでいたのに、参加メンバーはみんな急に静かになって、黙々と登っています。ものの30分くらいでしょうか、苦しかった急登が終わり平坦なところに出たので後ろを振り返ると、同行のガイがTシャツ丸ごと汗びっしょりです。

「なんだ〜、おまえ、汗びっしょりだな〜！」

　そしたら、ヤツは、ぽそっという感じでこのように言ったのです。

　Just I'm taking a personal shower!

（ちょっと個人的にシャワーを浴びさせてもらったもんでね！）

　その場で大笑いになりました。

　このジョーク、その時はとてもウケたのだけれど、純じゃぱには言えないジョークかなぁ〜って思ったりしました。

　よしんばそう言えても相手がニホン人だと、その面白さは伝わらずに、オヤジギャグになっちゃうんではないかしら

ん？

　アメリカ人ってウけるかどうか気にせずに堂々とギャグを言うんだよねとそれにも感心でした。

●もういい加減にして！

　ガイさん父子とハイキングに行ったときの話です。

　歩いているトレイルが、ずっと山腹を巻く平らな道となりました。

　登山用語でいうと、traverse トラバースといいます。辞書には（登山）縦走の場合、山頂と通らずに山腹を巻いて歩くこととありました。

　ひとことでいえば、ずっと等高線ぞいに尾根の突端を回り込み沢を渡りまた、尾根の突端を目指すことを繰り返すような道のことです。このような道は登り下りが少ないので、つい退屈になり、みな黙々と歩くようになります。

　さすがに私は、「本当に同じような尾根と沢が交互に繰り返し出てきて飽き飽きするよね」って言いました。そのとき、私は、繰り返し繰り返しという意味でrepeatedlyという言葉を使いました。そうしたら後ろを歩いていたガイが、我が意を得たりという感じで

　Ya, over and over!

　と言いました。

　あぁ、そうか、繰り返し……というのはoverという言葉ひとつで十分に意味が伝えられるんだなぁと思いました。

　overという言葉を辞書で引いてみると「〜を超えて」という意味がちゃんと書いてありますが、これだけでは、"この状況"を十分に説明できませんね。

188

「コピー失敗したのなら（待っている僕のことはいいから）
もう一度、やり直していいよ」という言葉を、ひとこと、

　Do over!

といったアメリカ人のことを思い出しました。

　そのことを思いながら、over and over という言葉を、同
じ平坦な道を歩きながら咀嚼していました。

　意味がわかることと使えることはずいぶんと違うんですよ
ね……。

●箱根を縦走！

　日本に帰ってきて学生時代の山仲間と箱根にハイキングに
行ってきました。

　箱根といえば温泉・ドライブ・ゴルフですが、いやはやハ
イキングもなかなか渋くて良い。

　でっかい富士山を終日眺めながら、美しいカヤトの径を金
時山から明星が岳までテクテク歩いてきました。

　尾根伝いに歩くことを「縦走」と言いますが英語ではどの
ように言うのか調べたら

　trek along a ridge
of mountains.

　なんだそのままやん
か……（笑）という感
じですが英語の世界に
は「縦走」の概念がな
くそのまま訳すしかな
いんでしょうか。

alongは「〜に沿って」なのでちょっと日本語の意味とは違う？と思ったけれど、alongにはもうひとつ「〜づたいに」があり"尾根伝いに"という意味になるんですね。

歩きながら以前アメリカ人と山に登ったときのことを思い出しました。

そのとき「尾根」を英語で何と言うのか尋ねたらspineだと教えてくれました。spineは背骨とか脊柱ですが、尾根のことも意味するんだと思いました。

帰りは箱根湯本の温泉で一年の汗を流し大衆割烹で乾杯！ガッツリお米のジュースを注入して家路につきました。

●雲海を見ながら "雌伏" のとき

山登り好きにとっては泊まる山小屋のベッドから雲海が見えるなんて至福のひとときではないでしょうか。

キナバルの3300ｍの山小屋 The Laban Rata resthouseのベッドがまさにこれのハズでした。

でも高山病の頭痛と吐き気でそれどころではありません。

もう頂上なんていいから、早く下山したい。

富士山より低いのに高山病なんて……。

至福ならぬ "雌伏" のベッドでした。

ちなみ英語では雲海 はcloud sea/field of clouds/sea of cloudsと言います。

日本語も英語も同じ表現ですが、洋の東西を問わず同じ海を連想したのでしょう。

明治時代に英語cloud seaが輸入され直訳の "雲海" が日本語として定着したような気もします。

●えいご道中で七面鳥を狩る

　友人のBobに七面鳥狩りに連れて行ってもらいました。ワタシは猟のライセンスを持っていないので文字どおりついていっただけでした。

　朝5時に家を出て、6時前には、その七面鳥がいるという森の中にいました。

　まだあたりは真っ暗で静まり返っています。猟場まで歩きながら彼から七面鳥に関する"講義"を聞きます。

　七面鳥はturkeyと言いますが、オスはgobbler、メスはhenといいます。オスのgobblerという名前は七面鳥の鳴き声の擬音がgobbleだからです。雨が降った日の翌朝は200回もの七面鳥のgobblingを聞くそうです。

　ここサウスカロライナ州で七面鳥狩りができるのは4月の一ヶ月だけ。かつ、夜は木の上にいる七面鳥が朝、地面に下りてくるのを狙うので朝6〜10時くらいの短い時間帯となります。

　狩猟の対象はオスだけ。メスは子供を産む（通常8-10数個の卵を産む）ため許可されていません。猟のやり方は七面鳥のメスの声を人工的に出してオスをおびき寄せるという方法がとられます。使う道具をcallといい、プラスチック板を木製の棒でこすってメスの擬声を発するfriction call、笛のようなmouth call、箸（はし）箱のような箱の上面をこすって音を出すbox callなどがありそれらをかわるがわる使っては音を出します。

　friction callはただ棒で引っかくだけなのですが「クイックイッ」という音が本当に鳥の鳴き声みたいな音なのでびっくり。それ以外にも「ここにメスがいるよ〜」ということを

示すためにタオルをパタパタさせたり、地面の松の葉を大げさにかき混ぜたりしていました。

　我々の状態はといえばベトコンよろしく迷彩服camouflaged clothesに身を包んで木の根元に陣取り、ときどきcallをかけながら、ひたすら鳥が来るのを待ちます。

　話はすべてささやき声。早朝の暗闇の中、オトコ二人、木の根元でささやきあっている……っていうのはいわく言いがたい"風情"があります。

　結局、今朝はたった5回のgobblingしか聞こえず七面鳥の姿を見ることはできませんでした。といってもこの遠いgobblingを聞くのも素人にはほとんど不可能で、Bobと一緒に一生懸命耳を澄ましていて「今鳴いたけど」と伝えると「それはカラスだ」と言われてがっくり（笑）。

　帰り道、ぬかるみに3つにひづめがわかれたturkeyの足跡を見つけました。Turkey truckというそうです。他にも2つのひづめの鹿、また小さい5つのひづめの猫のようなコヨーテcoyoteも見つけました。コヨーテは、七面鳥を襲う敵なので見つけたら射殺するようにしているとのことでした。

　ちなみに七面鳥は胸に立派なひげがあります。これをbeard（日本語で「ひげ」）といい、どれだけ長いbeardの七面鳥をしとめたかがハンターのひとつの誇りです。

　wishboneは鳥の鎖骨のことです。この二股の骨をふたりで引っ張ってちぎれた長い方が願いがかなうといった言い伝えから、そう呼ばれるようになりましたが、もともと七面鳥の鎖骨をつかってやるのがオリジナルだそうです。

●砂の袋という名前のずるいヤツ

　ゴルフ大会はそれぞれがハンディを申告して行うのはご存知のとおり。もちろんハンディは、実力通りのものを申告するのが、紳士のスポーツとしてのゴルフのあり方である。

　ところが、なかには、優勝したいがために、自分の実力より多めのハンディを申告する者が出てくる。

　フツーは出来上がりのグロススコアから、ハンディを引いたネットスコアの低い順に順位が決まるから、多めに申告した方が優勝の可能性は高くなるのである。

　もちろん、これは卑怯なやり方であるが、何十人ものコンペにもなるとひとりひとりのハンディをチェックはできないから、そういうヤカラが一部にのさばることになるのである。

　もっともひとつやふたつハンディを多めに申告したから優勝できるなんてほどゴルフは甘くない。だいたいは、そういう申告をした者の幻想に終わることも多い。

　そして当日の朝も、お互いに、おまえハンディいくつで申告した？というハナシに花が咲くことになる。

　そして、いつものものより多めに申告しているやつが見つかると必ず、

　You are a sandbagger!

　といって、指差して笑うのである。

　sandbaggerとは、故意に高いハンディを申告して同伴競技者を出し抜くものという意味である。「カードゲームなどで故意にまずいやり方をして相手を欺くことも指す」と辞書にはある。

　純じゃぱは、カードゲームをやらないのでその使用法があるかどうかわからないが、ゴルフコンペでは頻繁に使われる

言葉となっている。

　sandbagは砂袋という名詞だが、それが「砂袋で打つ」という動詞の意味になり、「うしろから殴りかかる」というような意味に転じ、さらに「不意打ちを食らわす」という意味になり、最後に上のような意味になったと純じゃぱは推定している。

　下記に英英辞典の定義を書いておく。

Deliberately underperform in a race or competition to gain an unfair advantage
（レースや競争などで他の競技者よりも有利に展開させるために故意にまずいプレーをすること）

　どの世の中にもそういうやつがいるもんなのだな、と思った次第である。

第6章　四季編

●ハイブリッドな謹賀新年！

　昨年末にクルマを買いました。

　ホンダのシビックの中古なんですけどハイブリッドなんで気に入っています。

　ちなみにハイブリッドって？と思ってhybridで辞書を引くと、雑種とか混成物とかの意味が元の意味で、決して"シナジー効果のある"なんて意味ではないんです。

　「当たり前だろう……」とお叱りを受けそうですが、日本語化した英語を日本語化したまま語感で理解しているとトンでもない意味で解釈してしまうような気がしました。

　お正月に「語源でわかるカタカナ英語」（笹原克巳著；集英社新書）を読んでいたら、偶然、このhybridがでてきましたが、やはり生物学的な「雑種」のことであり、人間の場合なら（遅れた表現ながら）「混血」「ハーフ」などがそれに当たるとありました。

　ローマ帝国時代にはローマ市民の父親と外国人の母親、自由市民と奴隷との間に生まれた子供はhybridと呼ばれていたそうです。

　さて雑種、ハイブリッドに対しての「純血種」があるわけですが、これがあのサラブレッドなんですね。

　英語ではthoroughbredとなり、これはthorough（徹底した）なbreed（血統）だからサラブレッドthoroughbredです（ちなみにbreedの過去形・過去分詞形がbredです）。

　純血の英国種とアラブ種を掛け合わせた血統書つきの馬は

固有名詞としてThoroughbredと大文字で綴るそうです。

　へぇと思いましたが、掛け合わせている時点で、もうHybridではないか？とも思いました。

　派生語ではhybridizeでかけ合わす；雑種を産む、hybridizationで交雑とか雑種形成という名詞にもなります。

●はっぴぃ　にゅー　いやぁ～！

　最近は正月の挨拶も省略されて年賀状もかなり減ってきているようですし、手軽に「あけおめ、ことよろ」の省略形などのメールも見たりします。

　元旦の米国のTVを見ていたら出演者が口々に「新年おめでとう」を言ってました。

　それが、Happy New Yearまではイイのですが、そのあとに、多くの人がto youをつけてました。

　Happy new year to you!

　……というわけですが、どうも純じゃぱにはしっくりこないなぁと見ておりました。

　Happy birthday to youなら、慣れてるんですけどね。

　そしたら今度は、別のアナウンサーが、元旦なのにMerry Christmas and Happy New Year～!!　なんて言っていてまたびっくり。

　アメリカ人に聞いてみたところ、クリスマスが終わっても暫くMerry Christmas年末くらいまではこれを言うそうです。「でも元旦に言うのはちょっとねー」なんて言ってましたので多数派ではなさそうです。でもそれも元旦までのようです。

　ちなみにHappy New Yearもアメリカでは精々3が日どま

り。4日目あたりから、あまり言わない。また大晦日に
Happy New Yearと言って退社する人も多く、そういう意味
では大晦日～3が日の実質 "賞味期限4日" の言葉のようで
す。

　TVでは大晦日の夜の各地の花火を映し出していました。
下の方にキャプション付きでAmerica celebrates the dawn
of 2023.とあり、「蛍の光」がBGMで流れています。「蛍の
光」といったらニホンでは "別れ" のイメージですが、アメ
リカでは午前ゼロ時の新年があけたときの定番の曲のようで
す。

　そう、いつぞや、大晦日のパーティーに行ったことがあり
ますが、夜0時直前までディスコで踊り狂いながら全員でカ
ウントダウンして盛り上がる……までは良かったのですが、
0時を過ぎた瞬間、音楽が「蛍の光」に変わり、カップル同
士抱き合ってキスを始めた！

　そのときはもうびっくり～！　その場からそそくさと逃げ
出した情けない私でした。

●犬の木に花が咲いた

　季節感のあまりないこのアメリカ南部でも、春はたて続け
に花がやってきます。

　3月に洋梨の花が咲くと、桃（もも）、桜（さくら）、藤
（ふじ）、木蓮（もくれん）とバトンタッチするように咲き続
け、いま、花水木（はなみずき）で春の花ごよみの最終楽章
を迎えています。

　このあと、若葉が一斉に萌え、そして長く蒸し暑い夏へと
向かいます。

　梨（なし）の花が最初にやってくると「おお春だ！」って格別の喜びがあるんですが、この木、ちょうど炎のような左右対称の形をしていて少しばかり整いすぎている。

　その点、この花水木は、木も枝も思い思いに張り出し"不均整の美"を醸し出していてなかなかいい。

　その上、大変多くの花をつけ、まるでモンシロチョウが木に群がっているように見える風情がとても素晴らしいと私は思います。

　日本語では花水木と美しい名前がついていますが、英語では、
　　flowering dogwood
　　といいます。
　花"犬"木？
　美しい花を咲かせる木の名前としてニホンゴと英語では完全に不釣合いですね。

　この謎を以下に解いていこうと思います

　以下が英語で読むハナミズキの素顔です。

Flowering dogwood blooms in the spring, as its new leaves are unfolding, and usually remains showy for 2-3 weeks.
（ハナミズキは春に葉が出る前に開花し通常は2～3週間は咲き誇ります）

The inflorescence consists of four showy petal-like

bracts, usually snow white or pink, surrounding a cluster of tiny inconspicuous yellowish flowers. The bracts are usually with a cleft at the tip.

（花序は、実は花びらのように見える目立つ4枚のホウ葉でできています。通常は白、もくはピンク色で、中心にある小さな目立たない黄色の花を囲んでいます。花びらのようなホウ葉は、通常、その先端に割れ目が見られます）

Flowering dogwood occurs naturally in the eastern United States from Massachusetts to Ontario and Michigan, south to eastern Texas and Mexico, and east to central Florida.

（ハナミズキは米国東部が原産で、マサチューセッツからオンタリオ、ミシガン、テキサス州の南東部、そしてメキシコやフロリダの中心から東部に分布しています）

Flowering dogwood is one of the most popular ornamental specimen trees in eastern North America. Use dogwood as a framing tree or as a background tree. Dogwoods are among the earliest springtime bloomers, brightening the landscape.

（ハナミズキは、米国東部では、もっとも人気のある観賞植物のひとつです。庭の全体の枠組みを決めたり、裏庭に植えられたりします。早春に咲く花として庭先を鮮やかに彩ります）

The wood of dogwood is very hard and has some value

in the forest products trade for such things as commercial loom shuttles and spindles. In colonial (U.S.A.) times, a tea brewed from the bark was said to reduce fevers.

（ハナミズキは木は大変硬く、機織の横糸通しや紡錘などの木工品などにその性質を遺憾なく発揮しました。米国が英国の植民地であったころは、この樹皮を抽出して得られた茶は、解熱剤となったそうです）

　以下でどうしてこの樹が、犬の木となったのかがわかります。

The name 'dogwood' is a corruption of 'dagwood', from the use of the slender stems of very hard wood for making 'dags' (daggers, skewers).

（犬の木という名前は実はdagwoodが訛ってdogwoodとなりました。非常に硬い細い枝を使って串や、短剣（dagger）を作ったことからdagwoodとなったのが本当の話です）

Popular legend has it that wood from the dogwood was used to construct the cross on which Christ was crucified. God had pity upon the tree, giving it white flowers similar to the cross. The reddish center of each flower symbolizes the blood of Christ. God transformed the once towering tree into one that is small with twisted, gnarled trunks so they could never be used for the purpose of building a cross again.

（世に知られているハナミズキにまつわる話として、キリストが磔になった十字架はこのハナミズキから作られたという話があります。神様は、哀れみをお感じになり、この何もなかった木に十字架に似た4つの花弁の花をお与えになりました。その花の赤い中心は、キリストの血を表しています。もともと非常に背の高い木だったハナミズキですが、わざと曲げて節くれだった木に変えてしまい、それ以降、この木で十字架を作れないようにしたという話です）

　アメリカ原産のこの木は、以前日本にありませんでした。今、日本でも見ることができるのは、ワシントンのポトマック河畔に見られるあの有名な桜を日本が贈った返礼としてアメリカから日本に贈られてきたからです。

　明治45年に当時「憲政の神様」と言われた尾崎行雄東京市長が、高峰譲吉を仲介としてタフト大統領夫人に送った桜3000本の桜に対し大正4年に40本のハナミズキが日本に贈られてきました。

　それで、ハナミズキの花言葉は、「返礼」となっています。今でも小石川植物園などに4本ほど当時の原木が残っています。

　当時は、ヤマボウシに似ていたことからアメリカヤマボウシと呼ばれましたが、たくさんの花をつけるミズキということからハナミズキと呼ばれるようになりました。

　ハナミズキは、学名でCornus Floridaといいますが、このFloridaとはスペイン語で「花」という意味です（Cornusは、ミズキ科ミズキ属の植物の総称）。

　日本人にとっての桜、アメリカ人にとってのハナミズキ、

それぞれの国民の心のよりどころなのかも知れません。

　　　花みずき　十あまり咲けり　けふも咲く　水原秋櫻子

●藤の花、その名の意外な由来

　春になり一斉に花が咲き始めています。

　藤の花が満開でとてもキレイです。

　実は藤のつるが、大きな木に這い登ってそこで一斉に花をつけているのです。

　フダンはナンということはない雑木がまるで花をつけているように見えてそれはそれで壮観です。

　藤は原産でいうと日本のものとアメリカのものがあります。日本のものには2種類あり長藤と山藤といいますが、比較的長い花をつけるのが特徴で、これを人々が愛でて藤棚などを作って楽しんだりしています。

　一方でアメリカの藤はその名もズバリアメリカ藤と呼びますが、花が長く伸びず、せいぜい10-15cm程度と見栄えがせず観賞用として見向きもされません。

　それでアメリカの片田舎で茂るにまかせ通りかかる人の目をひっそり楽しませているというわけです。

　同じ藤でもちょっと花の造作が違うだけでこれだけ扱いが違うというのも少し可哀相な気もしますが、これも国民性の違いから来ているのでしょうか。

　ご存知のとおり、日本では藤はつるが長く伸び、美しい花をつけ、また長生きだったことから繁栄の象徴でもあったのです。

　それで藤原氏などの苗字にも使われるに至ったということ

です。源平藤橘でなければ人にあらずなどと言われていた時代もあったわけで、藤の名前のとおり繁栄したということになりますね。

英語の世界では藤はそれほどありがたいというわけではなさそうです。

藤は英語では、wisteriaといいます。

この名前の由来は実は人名です。

Casper Wistar（1761-1818）

という米国の解剖学者の名前から取られました。

彼は解剖学者で、初めて人間の内臓に蝋を入れて保存するなどの技術を編み出した研究者でした。広く博物に通じ、植物にも広い教養を示したそうです。

ハナシが日本に戻りますが、苗字だけでなく地名にも使われていますね。

静岡県に藤枝市がありますが、ここも名前の通り藤に因んだところで有名です。

松に花咲く藤枝の一王子　宮居ゆたかに幾千代を経んと平安時代の武将・八幡太郎源義家の歌にも詠まれているように、藤枝市は"藤"と昔から深いつながりがあります。

それで市章も藤の花弁を象徴したものを使っています。

●天気居座る

この暑いさなかエアコンが突然、壊れてしまいました。

風は出てくるものの、ほとんど熱風。

住んでいるアパートの管理人に修理を依頼しました。が「修理人がいないから明日にして！」

「ちょっと待って！　今晩どうすればいいの？」と詰め寄る

と

「ガマンするしかないよ。窓でもあけて寝れば？」とけんも
ほろろ。

　仕方がない。昨晩はサウナ風呂状態の部屋で大汗かいて
（笑）寝ました。

　今日、職場のMaryさんに顚末を話したら、次のような
メールが入りました。

　I hope it is fixed. Hot weather will probably stay now.

　（直るといいですね。暫く暑い天気が続きそうですから
……）

「サンキュー。バット、そんなことわかってるぞい」と思い
つつこの文章読んだのですが、ふと暑い天気が「続くこと」
にstayを使っていることに気がつきました。

　stayは〈人に〉使うことが多いようですが、ここでは擬人
的に〈天気に使って〉いて、「暑い気団が自分の意思で『居
座っている』」感じがよく出ているなぁと感心しました。

　純じゃぱならすぐにcontinueとかが思い浮かんでしまい
ます。

　このstayで、いよいよ熱帯夜が続く気がしてきて管理人
へ催促の電話をしたところです。

●いつでもどこでもモンスーン

　7月のこと、会議を終えて居室に戻る途中、屋根全体に響
く大きな音———突然の絶叫のような大雨だった。

　しばし、窓から呆然とその様子を見る……。

　となりで一緒に呆然としていたVickieが

　monsoon！

204

　とつぶやいたのだった。

　えっ？　モンスーン？　それって、昔地理でやったモンスーン気候のモンスーンじゃないの？

　聞いてみると、このような車軸を流すような大雨のことを "monsoon" というのだそうだ。

　調べてみる。インドや南西アジアで4月〜10月にかけての風やそれによって起きる雨のことをモンスーンというのだが、それから派生して季節や地域に関係なく通常の大雨や豪雨のことも、「モンスーン」と呼ぶのであった。

　ちなみに、もともとの意は、アラビア語の "mawsin"（一定の季節）という意であり、一年のある季節になると決まって起きる風や雨のことを指していうようになったようだ。その昔、アラビア海では、この季節風を利用して貿易が行われていたのだ。

　そういえば、アメリカに来たときににわか雨のことを shower というのを聞き風呂で浴びるシャワーをどうしても連想していたことを思い出す。

　そうしたら、皆で集まって子供が生まれる予定の人に贈り物をあげる party を baby's shower というのを聞いてさらに当惑したものだ。にわか雨のように同時に妊婦さんに贈り物をあげるということから来ているのであろう。

　こういった比喩的表現にも面白いものが沢山ある。

●こわ！　竜巻警報！

　おととい、ここ米国南部は終日激しい雨でした。

　昨日の地元新聞には地域企業幹部の談話が掲載されていました。

　　At 10:30 p.m. until 11:35 p.m., we activated the site Emergency Action Plan last night due to tornado warning in the area. This means, workers were asked to move away from outside walls and areas with glass doors and windows. I believe everything went well without stoppage of production.

（昨夜午後10時半から11時35分まで、当地域に竜巻警報が発令されたのを受けて当社でも緊急体制を敷きました。就業中の従業員に対し建物の外壁やガラスのドア・窓から離れるよう指示しましたが、幸い避難も順調にいき、また生産への影響もなかったようです）

　すごい雨だったけれど、この地域に「竜巻警報」が出ていたとは知らなかった……（汗）。「竜巻」と聞くといつも「オズの魔法使い」（カンザスの少女ドロシーが「竜巻」によって家ごとオズの国に吹き飛ばされる）を思い出すわけですが、実際シャレじゃすまないですね。「竜巻見たことがないので一度見てみたい」と言ったらアメリカ人に相当あきれた顔をされました。

　昨日の日本の新聞にも「米国東部の竜巻　死者20人に」との見出しで「3月1日の竜巻による死者がアラバマ州で10人、ジョージア州で9人、ミズーリ州で1人の計20人に及んだ」とあり正直大変驚きました。

　ところで竜巻を意味するtornado、英語の匂いがしないなと思い語源を調べてみました。

The word "tornado" is an altered form of the Spanish word tronada, which means "thunderstorm". This in turn was taken from the Latin tonare, meaning "to thunder". Some common, related slang terms include: twister, whirlwind, cyclone, funnel, wedge, tube, finger of God, Devil's tail, rope, or stovepipe.

（トルネードはスペイン語の「雷嵐」の意味のtronadaが変化した言葉ですが、これはさらにラテン語の「雷が鳴る」のtonareが起源です。関連する言葉として、twister、whirlwind、cyclone、funnel、wedge、tube、finger of God、Devil's tail、rope、stovepipeがあります）

　どうもスペイン語源のようでした。twisterはあの牛が飛んでいく映画で一躍有名になりましたね！ finger of Godと言ったり、Devil's tailと言ったりするのも神さまと悪魔が同居していてちょっと???と思うわけですが、どちらにも畏れ・恐れを抱いていることの現われなんでしょう。日本ではそれが雲に頭をつっこんだ「竜」のしっぽとして畏れられ「竜巻」と呼ばれるようになったのだと思います。

　実はtornadoは、陸上に発生するものだけを指すそうです。上空で竜巻状になっていて地上まで届いていないものはfunnel aloft、海上で発生するものはwater-spoutと呼んで区別しています。

　世界で竜巻は年間1000個ほど発生していますが、そのうち800個はアメリカで発生していると言いますから、真に竜巻はアメリカ名物といって良さそうです。竜巻による死者も年間約60人にものぼり落雷、ハリケーンの死者数を上回る

そうですからほんとうに名物も侮れませんね。

●オレはびしょ濡れのパン

　朝、お天気チャンネルWeather Channelを見ていたらこのように言ってました。

sopping rain

　ふ〜ん、soppingがよくわからないが"パラパラの"雨かと理解し何も持たずに出かけました。

　ところがところがところがところが……。

　それはもう、一日中、底が抜けたような大雨！　車軸を流すような……って言うんですか。とにかくヒドかった。どの職場に移動するのもびしょぬれで一本とられたって感じでした。

　アメリカ人に聞いてみたらsoppingとは、get completely wet、すなわち「ずぶ濡れになるような雨」という意味なのでした。

　調べてみたらsopとは「スープなどに浸して食べるパンの切れ端」というのが元の意味でそれから「びしょぬれにする」という意味に派生した言葉でした。なお、sopは「パンの切れ端」から「パンの切れ端を浸すスープ」をも意味するようになりますが、これとsoup（スープ）と仲間の言葉です。

●クモの花満開！

　先日、日高市の巾着田に曼珠紗華（まんじゅしゃげ）を見に行きました。

　それはそれは見事な花のじゅうたんでした〜！

「曼珠紗華」……山口百恵さんの歌が流行ったことを思い出

したりしました。

　ご存知、彼岸花なので日本でも縁起のいい花とは言われてませんが、英語ではspider lilyって言いますね。

　クモのユリ……う～ん、見た目は確かに……でもこちらももっと良い命名はなかったの？って言いたくなりました。

　他にnaked lady（はだかの女性）という英語名もあるそうです（その方が良いかなと思いますが、それは葉っぱがないところから来ているんでしょうね）。

　曼珠紗華（まんじゅしゃげ）は花が終わってから葉が出てくる、花と葉は同時にはないことから韓国では相思華（サンチョ）と呼ばれています。

　花は葉を思い、葉は花を思う、ということだそうです。

　園内には秋風にゆれるコスモス畑もありました！

●秋は、夜11時03分から始まる

　アメリカのニュースを見ていてとても驚いたことがある。

　それは、庶民が四季のさかい目を天文学の分類に従っているということなのである。

　すなわち、春は春分の日から夏至まで、夏はそれより秋分の日まで、秋はそこから冬至までということを普通に意識しているということなのだ。

　しかしさらに驚くことに、例えば春分の日や秋分の日なら、

厳密な春分点や秋分点などの時間まで、季節の境目として意識することがあるということだ。

　世界的にも四季の移り変わりがハッキリしていると教えられる日本で日本人に「夏っていつからいつまで?」とたずねたら、「6月から8月まで」とか「7月から9月まで」あるいは「はっきりは決められないんじゃない?」といった曖昧な答えが返ってくるだろう。

　アメリカではそれは違うのだ。

　誰もが天文学の定義だが……と言いつつ「夏は秋分の日で終わる」と断言するのである。

　一昨日、9/23には秋分の日だったが、たまたま見かけたLawrenceという街の新聞記事はそれを象徴するかのような記事だった。

　Summer ends with a slight chance for rain
　Most thunderstorms to the east of Lawrence area
　あした、夏の最終日は雨模様。
　東ローレンスでは雷雨も。

　Friday, September 22, 2006
　The last day of summer is going to bring sunshine, some scattered clouds and a slight chance of rain, says Jennifer Schack, 6 News meteorologist.
　(「夏の最後の日、おおかた晴れますが、ところどころ曇りそしてにわか雨のところもあります」と6ニュースの気象予報士ジエニファー・シャックは述べた)
　(中略)

Autumn, which officially begins at 11:03 p.m. today, could get off to a wet start, Schack said.（注）

（「秋、本日、正確には夜11時3分に始まることとなる秋ですが、お湿りの出だしとなりそうです」とシャックは述べた）

中学生のころ秋（春）分の日の定義を習った記憶がおぼろげながらある。

太陽が真東からのぼり真西に沈み、昼と夜の長さが同じ、その程度であり、天文学でいうところの秋（春）分点などの時間の意識は特別興味のある人を除いて庶民のものではない。

むしろお彼岸の中日の意識だ。

秋分の日―戦前までは、この日は秋季皇霊祭という大祭日だったが、戦後は国民の祝日となったという。

先祖への尊崇、天文学の定義より重んじられるのも無理はない。

（注）記事の最後、get off to bad（slow）start.は決まり文句で出だしが悪い（遅い）という意味です。

●年に一度のマヌケな早起き

先週土曜日（10/28）の夜中、正確には日曜日の早朝2時にサマータイムが終わりました。

本来の時間、standard time（標準時）に戻り、米国東部の場合、日本との時差14時間ということになるわけです（これまでは13時間）。

秋の場合は、時計の針を一時間戻すことになります。

すなわち、夜寝るまえに10時の針を9時にして就寝です。

　アメリカ人でも10時の針を9時にするのか11時にするのかわからなくなる人がいます（笑）。
　そこでそれを間違えないようにする言葉が

Spring forward, Fall back（ward）.

　すなわち「春は前、秋は後ろ（に時計を調整）」というわけですが、実は「前にジャンプし、後ろに倒れる」という意味の掛け言葉となっているので覚えやすいのです。
　サマータイムはご存知のとおり和製英語で正確にはdaylight saving time、直訳すると「昼間時間有効活用時」。
　明るくても活用するかどうかわからんのにナンかヘンな言葉ですよね、これ。
　さて、秋のこのタイミングは必ず、面白いことがおきます。
　この前の日曜日も朝8時からゴルフだったので、練習と思い早めに行くと、いつもギリギリに来る人が一時間も早く登場し、グリーンでパットの練習なんかしてる。
「あれ〜、どうしたのかな〜 ??」
「いや、ちょっと早目に目が覚めたもんで……練習でもしようと思って」ともごもご。
　時計の調整を忘れた人です。
　アメリカ生活が長い日本人に限ってそれを忘れる。周りのアメリカ人も生活習慣化しているのでそれを教えてくれない。
　長いばかりにプライドもあり "忘れた" とは言えない。
　それでその日だけ早起きになってしまうんですね。
　逆に春には、時計をうっかり進めるのを忘れて、デートに遅れた、飛行機に乗り損ねたなんて失敗談もしばしば聞きま

212

す。
　それにしてもこのdaylight saving time、4月の第一週の日曜日からおよそ7ヶ月間続くわけで、残りの短い5ヶ月がstandard timeすなわち標準時というのもこれまたヘンなハナシではあります。

●マムの正体

　秋も深まりました。
街に出たらこんな表示。
　MUMS
　そう、キク（菊）な
んです。
　英語でchrysanthe-
mumですが、アメリ
カではしばしばmum

と省略されます（momお母さんではない！）。
　英和辞典によると、イギリスでは、chrysanthと略すとのことですから、略語で米英まっぷたつ！って感じで、ナニか面白いです。
　アメリカでは秋の花の女王としてかなり人気があります。
　アメリカ人に聞いたところ、春や夏は多くの花があるが、秋〜冬は、キクが主に贈り物として使われるそうです。
　Chrysanthemumの命名由来は、以下のようです。

1753 Karl Linnaeus, renowned Swedish botanist, combined the Greek words chrysos, meaning gold with anthemon, meaning flower.

（キクは1753年にスウェーデンの植物学者カール・リネウスによりギリシャ語の「黄金色の」ということばと「花」を意味することばを合成し命名されました）

　眉間にシワ寄せて言わなければならない名前ですが、単に「黄色の花」っていう意味だったのです。

　キクは中国原産で紀元前5世紀までその歴史を遡ることができるようです。日本には奈良時代の8世紀に不老長寿の薬草として伝わりましたが、西洋に渡ったのは17世紀とかなりあとのことです。

　大変興味深いことにアメリカ人とヨーロッパ人はキクに対するイメージが全く違います。

An interesting contrast to the positive feelings many Americans have of the chrysanthemum (football games, house-warming presents, get-well thoughts), is that in many European countries the chrysanthemum is known as the death flower. In countries such as Belgium and Austria, the chrysanthemum is used almost exclusively as a memorial on graves.

（大変対照的なことに多くのアメリカ人はキクに対しよいイメージを持っていて、フットボールの試合、家の新築祝いや療養中のお見舞いなどに使いますが、多くの欧州人たちには死をイメージする花となっています。特にベルギーや、オーストリアでは、キクは例外なくお墓で故人を偲ぶための花となっています）

　どういうわけか、ヨーロッパは日本と同じ印象を持っているようですね、というかアメリカ人だけが違う？

　最後に面白い格言を書いて終わりにします。

　"If you would be happy for a lifetime, grow Chrysanthemums."

　（もしあなたが一生の幸せを望むのなら、キクを育てなさい（中国哲学者））

●ハロウィン狂騒曲

　昨日はHalloween（ハロウィン）。

　子供たちがお化けなどのコスチュームをまとい家々からお菓子をもらう日でした。

　お菓子を貰うときの言葉が "Trick or treat"、「いたずらするぞ、嫌ならお菓子をよこせ」なことは有名です。

　trickは「いたずら」ですが、treatは「おごってもらう」が元の意味で、お菓子をねだる意味につなげています。

　tri-で頭韻を踏むため無理してやや意味の遠いtreatで組み合わせたンだと考えています。

　で昼間は仕事場に人事部の人が突然現れ、カゴにいれたキャンデーやキャラメルを配っていました。Happy Halloween!なんて言われ、えっ？　いったいナニがHappyなの？って感じですが正月にモチ配るということと同じ？かと解釈しました。

　それで本番の夜はいつも静かな住宅街が大渋滞！でした。

　道がクルマで埋まり対向車のヘッドライトで前がよく見えない。そこを小さな子供たちがちょこまか走るので危なくて

しかたがない。

　Halloweenの飾りつけが気味が悪いことをspooky!（不気味な、幽霊の出そうなという形容詞）といいますが、こちらも子供をひきそうでspooky!って感じでした。

　子供を歩かせりゃいいのに親たちが一軒一軒クルマで回ってやる。ちょっと運転しては「キャンディーもらってこい」と背中をポン、もらってきたら「よし！　良くやった〜」次いくぞーの繰り返しでHaloweenの風雅な風習（？）も東京の雑踏と変わらない？と感じました。

　かくいう私も最初アメリカに来た時、もの珍しさから玄関にJack'o lanternを置いて子供たち全面受け入れ態勢でした。

　で、子供たちがやってきて戸をトントン叩き、は〜いとドアを開けてやる。それでTrick or treat!と言うのかと思いきや……にゅっと手を出してチョコをワシ掴みにすると袋に入れてさっさと消えてしまう！

　Thank youぐらい言え！こら〜！（笑）

　風雅もナニもあったものではない。

　ニキビ面の高校生までが集団でやってきてお菓子をたかってく。

　夕方6時〜 10時までこれが断続的に続き、TVも見られないいってな感じでした。

　3年目くらいからモノ珍しさもなくなりハロウィンの日は電気消して居留守作戦としていました（笑）。

　でその夜「おー、静か〜」なんて言ってたら、ひょんなことから居留守が見つかってしまった。ある子供が玄関から庭に回りこんで家の中を覗いたのでした……。

　なんだ、いるじゃ〜ん！と子供たち。時すでに遅し、その

子供の親が知り合いだったからわれわれの居留守が一気に噂で広まってしまいました。

　これが本当のハロウィーンのtrick（いたずら）だよな！と当時苦笑いしたものでした。

●感謝祭のある風景

　先週の木曜日11/23はご存知のとおりThanksgivingでした。

　アメリカではクリスマスに次ぐ重要な休みで、家族や親戚が集まって七面鳥や、マッシュポテト・クランベリーソース・かぼちゃのパイなどを食べたりします。

　そんなわけで感謝祭が終わるとアメリカ人と「どーだった？」となります。

　面白かったのがTommyさんの話でした。

　感謝祭の親戚一同集合！まではいいのですが、親戚の父方と母方、どちらに行くか家族で必ず揉めるんだそうです。

　それで「昨年はお母さんの親戚に行ったから今年はお父さん」と家族会議で決めるんですが、どうしても決まらないと、感謝祭の日と翌日をどちらか一方にあて、週末の土日は、もう一方と“渡り鳥”のように大陸移動します。

　アメリカは広いから遠いともう大変です。

　子供がいる家族は親戚に同年代の子供がいるかどうかも鍵となるため子供の意見を聞きつつ行き先を決めることにもなります。

　なかなか決められず……決めても移動の労力もお金も時間も……どっと疲れてしまうそうです。

　静かで厳かなイメージのある感謝祭—本当の“お祭り”風

景は実はそんなところにある？のかもしれません。

　だから「どうだった？」の答えは「大変だった〜」が結構多いと感じました。

　実は本当のお祭り騒ぎは、翌日の金曜日にあります。

　この日をBlack Fridayと呼びますが一斉に小売店がdiscountをするためshopping mallなどは長蛇の列、店内は阿鼻叫喚の世界となります。この日が一年中で最高の売上げ日となるといいますから尋常じゃありません。

　このBlack Friday、1929年や1987年のNYの株暴落の日のことを本来指すんですが、それがパロディとなってこの日をBlack Fridayと呼ぶようになったと考えています。むろん、どの小売店も利益が「黒字」になるということから来ています。

　ところで、感謝祭が上のように例年4連休とできるわけは、Thanksgivingが、毎年11月の第4木曜日となっているためです。曜日は決まっていますが、日にちが決まっているわけではありません。

　また、日本語では「感謝祭」と訳されるため、日本の祭りのように広場に集まって大騒ぎしたり、縁日のような露店が出たりといったものを想像する人が多いようですがそういったものは何もなくむしろほとんどの店が閉店してしまいます。

　そういう意味で「感謝祭」という和訳はちょっとセンスが古いかもと思っています。

　アメリカに住んでいた日本の友人があるとき言いました。「Thanksgivingって勤労感謝の日なんでしょ」（笑）

　日本の勤労感謝の日と近いので混同する人が多いのですがナンの関係もありません。感謝は同じですが「勤労」と「神

の恵み」と歴史が全く違うのです。

●かぼちゃはパンプキンじゃなかった

感謝祭のころは、結構かぼちゃが出回っていたがクリスマスですっかり姿を消してしまいました。

クリスマスのイルミネーションもいいが、私はやはり感謝祭のころの地域の雰囲気、とりわけアメリカの農村風景を彷彿とさせる大きなカボチャが並んだりしているのを見るのが好きです。春から夏にかけて丹精こめて育ててきた作物がようやく収穫できた、そんな達成感が自分のことのように感じられるから。

カボチャを見ると必ず「ある話」を思い出します。日本の深緑のホクホクのカボチャの話をアメリカ人にしていたら、それは「pumpkinではないわ」といわれぶっ飛んでしまったことです。アメリカでは「オレンジ色」のやつをpumpkinといい、「オレンジでない」ものは日本のものも含めsquashというのだというのです。

それはおかしいと言ったのですが、アメリカではどうもそうらしいのです。

調べたら面白いことがわかったのです。以下があるアメリカ人の意見です。

In North American English, the term Pumpkin is almost entirely reserved for the round, orange ones, the rest are squashes. The rest of the English-speaking world does not make this distinction. The statement is, therefore, true from an American/Canadian point of view, but not a British/ Australian/New Zealander/etc. point of view. Sadly, most Americans/Canadians are unaware that the rest of the world doesn't know a squash from a pumpkin, and most other English-speakers are unaware that few Americans/ Canadians know what a "marrow" is (most of us would call them "summer squash" or "zuchini" depending on the variety).

（北米（米国・カナダ）英語では、だいたい「パンプキン」は球形のオレンジ色したものを指し、それ以外は「スクアッシュ」と呼んでいる。だが北米以外の英語圏はこういう区別はしない。だからこの区別論は米・カナダ人としては正しいが、英国・豪州・ニュージーランド人にとって正しくない。加えて残念なことにほとんどの米・カナダ人は、「非北米人がスクアッシュとパンプキンの違いを知らない」ということを「知らない」し、逆に非北米人は「米・カナダ人がマローがナニを意味するのか知らない」（通常これらは種類により「夏スクワッシュ」もしくは「ズッキーニ」と呼ぶ）ということをほとんど「知らない」）

　pumpkinとsquashを色で分類しているのはアメリカ・カナダ人であり他の英語圏はそうではないということです。英語圏が何でも一緒ということではないのですね。

　アメリカ人は、例のオレンジ色を真面目に料理してパンプキンパイを作っているのかというとそうではなくて缶詰を使うのだそうです。まあ、あれを割ってゴリゴリこすって中身をゆでるとなるとこれはなかなか面倒くさいんだろうなと思います。店先に並んでいるやつは全部装飾用なんですね。

　ちなみにカボチャ、中南米原産だが、カボチャそのものは、ポルトガル語のCambodia abóbora（カンボジャ・アボボラ、「カンボジアのウリ」の意）の後半が略されたものです。つまるところ「カンボジア」と「カボチャ」は一緒という面白いことがわかります。

　原産地と違う名前がついてしまったのは、実はポルトガル船が16世紀にカンボジアから豊後や長崎にそれをもたらしたといういきさつによっています。これを「日本カボチャ」種と呼んだのですが、その後、違う種類の「西洋カボチャ」種が19世紀の中ころにアメリカから伝えられ、それが現在、日本に広まっているカボチャの種類となりました。

　この「西洋カボチャ」とは違うハロウィンなどで使うオレンジ色のは「ペポ」pepoという種類ですが、これは中国を経由して日本に渡来したため「唐茄子」とも呼ばれます。

　カボチャは漢字では「南瓜」と書きますが、これは「南京瓜」が省略されたものらしくまた実際「唐茄子（とうなす）」とか「南京（なんきん）」と呼ばれることもあるという事実からすると中国にあった「南瓜」の種類はpepo種ということになるかも知れません。

●あれっ！　雪っ？　……わた畑だぁ！

道を走っていて「あれっ？　雪？」って思ったんです。

実はそれは綿畑cottonfieldだったのです。

一面の白……白……白。

素晴らしい！　近づ  いてみるとこんなに綿の花が……。

さらに近づくととてもかわいらしい花です。

アメリカ南部ももとは綿花王国でしたが、今では一部の地域に見られるに過ぎなくなりました。

わずか150年ほど前には、綿花畑のあるplantationで、アフリカから連れてこられたAfrican-American黒人のcotton picker摘み手たちが、歌を唄いながらこの綿花を摘み取っていたのです。

今でもplantationの名を残すゴルフ場が存在するくらいプランテーションの歴史の中で19世紀の合衆国の綿花プランテーションは著名です。

もともとは、インドが綿花の栽培の中心地だったのですが、英国の綿工業の発達とともに、その急増する需要に追いつかなくなってしまいました。また量がかさみ安価な綿花をインドから英国までわざわざ運搬するためコスト的にも高いものになっていました。アメリカ製綿花が強度的に強い種類の綿花だったこともありましたが、ただで働く奴隷のもとで大量に作られる安い綿花が知られると米国とカリブ諸国の綿花に

急速に需要が移っていったのでした。一旦、南北戦争でエジプトの綿花などに需要が移りましたが、戦争が終わると、またアメリカの綿花の需要は急増しそれが現在まで主要産業として残ってきたのです。

●黒の金曜日は文字通り?

　先に、Black Fridayのことを書きました。

　会社のアメリカ人の同僚とこの話になりました。

　なんでもその日は、午前0時から始まるんだそうです。

　どういう意味かって?　そう、Thanksgivingの日は夜12時まで閉まっていますが、Black Fridayになる12時1分にモールが開店しセールを一斉に始めるんだそうです。

　それで、みなさんThanksgivingの夜10時ころには出かけ、1〜2時間、駐車場に入るのを待ち混雑する駐車場に止めるところを見つけまだ閉まっている店に長蛇の列で並ぶわけです。

　開店するとBlack Friday朝3時くらいまで、猛烈に押し寄せ、朝4時ごろにはそれが沈静化したかと思うとまた朝6時くらいからいくらかマシな人たちが早起きして押し寄せる……という狂瀾怒涛を繰り返すのだそうです。

　これってちょっと……ですよねー!?

　彼女も"異常だ"って言ってました。

　それで彼女、ある店の店員に試しに聞いたそうです。

「ホントにBlack Fridayは安いのか?」

　そうしたら店長が「何も値段は変えていないんだけど客が夜中に並ぶので開けることにしてるんだ」と答えたそうです。

　たしかにバーゲンをやる店が多いので大物家電などは得か

も知れませんが、便乗して価格を変えずに売上げを伸ばす店もあるんですね。

　消費者心理がBlack Fridayを勝手に安いと思わせてしまっているようです。これならどこの店も黒字（Black）になる？

●Limber……limber、limber！

　インフルエンザの予防注射のため会社の医務室に行きました。

　若い頃は「風邪なんてへっちゃらだいっ！」と大見得切ってましたが、最近は「風邪ひくとつらいぜー」なんてアドバイスにそそくさと従う始末です。

　さてインフルエンザの注射、通常はflu shotと言われています。すなわちinfluenzaが省略されています。

　医務室に着くと、可愛い看護師さんが「あー、あと少しだけvaccine残っていたからよかったわ」と言いました。

　さていざ注射となると、「あ～痛そう！」とついつい腕を硬直させてしまいます。

　それを見て看護師さんが言いました。

　Limber……limber, limber, limber！

　そう「リンバー……リンバ、リンバ、リンバー！」と歌うように囁いてきました。

　なぬ？とぽーっとしてると、リンバリンバを繰り返しながら手をブラブラしています。

　あー、力を抜いて！なのかと、まぬけなオランウータンみたいに、腕をブラブラさせたら「いいわ！」というかと思うとやおら短刀を逆向きに握るようにして二の腕に注射器を突

き立てました！

　うわ〜！　針を差し込むなんてもんでなく、ダーツゲームをやるように注射器を皮膚に突き立てたのです。

「ちょっと！　乱暴すぎる！」というと「この方が痛さ感じないのよー！」

　帰ってきてlimberを引いてみると（形）しなやかな、柔軟な、（動）しなやかにする、柔軟体操をする（体を）ほぐす……とあり、なるほど……と思いました。

　lumberと勘違いしてましたが、これは「丸太」でしたネ。

　ちなみにinfluenza。中世ラテン語のinfluentiaから来たイタリア語influenzaが語源でこれ英語のinfluence（影響）の意味なのです。

　このイタリア語、「影響」以外に「伝染病の流行」の意味があり、それがのちに「伝染病」という意味になりました。

　1743年にイタリアで発生したインフルエンザに「伝染病」という意味でこの単語が使われたのですが、それがそのまま英語の世界で「インフルエンザ」（という特定の伝染病）の意味になってしまったのです。

●Limber!……その後

　先のLimber!……limber, limber, limber!　で触れたインフルエンザの注射の話の続編です。

　その日、もうワクチンvaccineがほとんど残ってないと看護師さんに言われた話に触れましたが、その後、彼女からe-mailを貰いました。

　All 400 doses of flu shots have been administered, and efforts are underway to receive additional doses, if available.

（400本分のインフルエンザの注射は終了しました。現在、追加ができるかあたっているところです）

・「注射する」と言うのにadministerを使うんですね。administerは「行政を実行する」という意味だと思っていたんですが、それ以外に「薬を投与する」という意味がありました！要するに「組織」→「人」に対して何かを行う、法の執行を行う、施術を行う、罰を与える、恩恵を与える、など何でもこの内容はadministerが使えるようですね。

・efforts are underwayというのも面白い表現です。effortsが「物主構文」で主語になっているのも純じゃぱは使いにくい。underway（形）（副）は「（準備などが）進行中で」という意味です。

・doseはドウスと発音して薬一回分、一回の放射線量、という意味でギリシャ語のdosis（贈り物・分け前）から来ています。俗に「性病」の意味もあるようで、これなども"分け前"と考えると分かりやすいかな（笑）

●歯医者に行きました

　歯は親譲りで丈夫ですが、定期的に歯医者さんに行って歯石を取ってもらうようにしています。

　そうですねー、半年に一度といったペースでしょうか。

　歯医者さんに行く日を覚えておく必要はありません。というのも一ヶ月前くらいになると予約の日を知らせるはがきが来るというシステムになっているからです。

　先日次の予約のはがきを貰いました。

It's time for your dental examination, cleaning and oral cancer examination.

□Please call today for an appointment

□We have reservation time just for you

　下の文章の頭にチェックマークがついて〇月X日の何時と書いてあります。

　時間どおりに行くと診察台に通され、そこに寝そべって暫く待ちます。おもむろにおネエさんが登場しクリーニングが始まります。

　半年毎日歯を磨いていてもやはり歯石は溜まりますねー、なんていいます。歯並び悪いからそうだろうなー。

　アメリカ人は歯並びを極端に気にするので私の歯並びはきっとバツ！って思ってるだろうななんて思いながら、バカ面して口を開けています。

　ひととおり、歯垢と歯石そして歯についたシミなどをとってすっきりしておしまいです。

　やってくれたキレイ系に聞いたところ、歯石はtartar、歯垢はplaque、歯についた茶シブのようなものはstainというそうです。

　それが終わると歯医者のオヤジさんがやってきて、歯をチェック。突然、Stick your tongue!と言われ「えっ？」なんて思って閉じたまま目を白黒。

どうしたらいいかわからんー。そしたら、医者がボクのべろを紙ではさんで引っ張るようにしたのでー「おーそうか、舌をべろっと出せって言っているんだー」。

歯医者さんでなぜべろ？を（笑）なんて戸惑った純じゃぱでありました。

帰りぎわにキレイ系が出てきたのでBye!と言ったら、彼女はMerry Christmas!と言いました。

そうだった……感謝祭が終わるともうアメリカ人の気分はクリスマスだったんだと思いました。

●ピニャタって知ってた？

お正月にテレビでメキシコのクリスマス風景をやっていました。そのとき次の字幕が画面に出ました。

Huge Pinata of Mexican Celebration

テレビ映像は電飾いっぱいのクリスマスツリーの大きな張りぼてでした。

へ～、Pinata ってなんだろう？　早速アメリカ人に聞いてみたら面白かった。

これは、Mexicoでクリスマスや誕生日などの行事に使う「紙の張りぼて」のことを言うそうで、竹などの棒に紐（ひも）でぶら下げ中をキャンディーやチョコなどで満たしておきます。そして空中のそれを子供たちが下から叩き、落ちてきたお菓子を競って拾うのです。張りぼての形はdonkey（ロバ）が有名ですがフルーツの形など何でもいいそうで、たまたまニュースでは、それがクリスマスツリーの形をしていたというわけです。

最近ではアメリカでも人気で少しずつアメリカ文化化して

228

いるそうです。

　Pinataはご存知のとおりスペイン語で、pinataの「n」の上には、波型のニョロニョロ（〜）が付き、「ピナタ」でなく「ピニャータ」と読みます（このニョロニョロ記号、コンピュータでもおなじみチルダといいますが、英語では、tilde（ティルドゥ）となります。日本語は？とみたら「口蓋音化記号」とかで自分には難しすぎました）。
　ちなみに紙の張りぼては英語では？と尋ねたらpaper mache（ペーパー・マシェィ）というそうです。でもこれpaper mache、本来はフランス語であり、それが英語になってしまったということです。そのフランス語は、英語にホンヤクするとchewed-up paperの意味のようです。

　下にこの定義を上げておきましょう。
　Papier-mâché（French for 'chewed-up paper' because of its appearance）, sometimes called paper-maché, is a construction material that consists of pieces of paper, sometimes reinforced with textiles, stuck together using a wet paste（e.g. glue, starch, or wallpaper adhesive）. The crafted object becomes solid when the paste dries. A form of papier-mâchéhad existed in China for hundreds of years until a much stronger version（including glue）was patented by Henry Clay of Birmingham England in 1702. It was a common technique for making dolls in the 19th century, before plastics became available. Piñatas are an example, as is one of the Papal Tiaras. Constructing papier-

mâchéis a common craft used to entertain children.

　確かにプラスチック製品が出てくるまでは、子供の遊び道具だったんです。それにしてもどーってことはないと思われる紙細工で特許を取っていた人がいたとは！

●天気はいじわる？

　ある週末、テレビのニュースでは、ネブラスカ州あたりの悪天候をさかんに放映しています。何でも8人も死亡したとか……。

　テレビを見る限りクルマのわだちが道に残るほどの積雪で、はてさて死ぬような状況でもないようにも見えましたが。

　さて、この悪天候、明日月曜日も米国北東部を中心に続きそうな気配ですが、テレビでは、この天気のニュースの題名を見るとWICKED WEATHERでした。

　あれ？　wickedは「邪悪な」という意味ではなかったかい？　天気が悪い時にも使うの……？

　辞書で調べてみると3つの意味がありました。

　(1)邪悪な(2)いたずらな、と並んで(3)不快な、ひどいという意味があって、たとえばwicked stormでは「激しい嵐」という意味になるようです。

　そのほか、wicked odorで「ひどい臭い」、wicked taskで「嫌な仕事」、wicked priceで、「法外な価格」という使い方が辞書には出ていました。

　探したら2年前のCNNのニュースでWicked Weatherと言うものがありました。

Wicked weather

CNN, Wednesday, January 12, 2005

WASHINGTON (CNN) -- Southern California's most devastating rainfall since records have been kept has resulted in deadly mudslides that have swallowed subdivisions, and the floods are catching motorists and even rescue workers by surprise.

（記録をとり始めてから最悪の豪雨によりカリフォルニア州南部では地すべりが住宅地を呑みこみ、豪雨による洪水でクルマや救助隊員にまでも被害が発生しました）

●バラ一輪に……ありがとう

一昨日は St.Valentine's Day。

ニホンとは逆で、アメリカではバレンタインは男から女へ、キャンディーやチョコを贈ったりすることが多いようで、ニホンの話をするとびっくりされます（ただし女性からでもおかしくはないようです）。

職場を義理チョコが乱舞するなんてこともなく、せいぜい目についたのは、大晦日（おおみそか）に花火を売りだす臨時売店がちゃっかりバラ rose の販売店に早変わりして客を誘っていることぐらいでした（写真：もう閉店してました！）。

この日は一輪の「バラ」を夫から妻へ、彼から彼女へ渡すことが習慣になっています。

夫婦や恋人どうしなら赤いバラ、それ以外は黄色いバラ。それぞ

れ love、friendship を表すんだそうです。

　自分は単身赴任だしバラというガラではないので、同僚と
あるレストランに呑みにいきました。ふだんはガラガラのレ
ストランが、ナンとカップルで一杯！　仲むつまじく食事中
のカップルを傍目（はため）に男どうし二人は明らかに……
場違いでした。

　それにもめげずワインを呑んでいたら中年の黒人カップル
がレストランを出て行こうとしているところが目に入りまし
た。

　その妻であろう女性はプレゼントされた“赤いバラ一輪”
を両手で包むように持ち、世界の幸せをひとりじめしている
ような笑顔で、夫であろう人に Thank you! を繰り返してい
ます。それに応え夫は妻の肩をぽんぽんと叩き、腰にやさし
く手を回しそっと出て行きました。

　若くはない夫が堂々とバラ一輪を贈り、若くはない妻が心
の底から“ありがとう”を言う……そんな純粋なアメリカ人
の姿に純じゃぱは実はひそかに感動していたのでした。

第7章　随想編

●すばらしいことば

YMCAにトレーニングに行った。

廊下にボードがいくつかかかっている。

その中のひとつ。曰く

The time is always right to do what is right

Martin Luther King Jr.

キング牧師の言葉だった。

最初ナンだこれ、どういう意味？という感じだったがそのうちにじわーっと良さが滲みでてきた。

ニホンゴに訳すと「正しいと思うことをやるのは、時を選ばない」という意味だろう。

更に意訳をするとすれば、「正しいと思ったら、躊躇せずに行動に移しなさい」と言っていると思う。

ニホンゴにも「思い立ったが吉日」ということわざがあるが、意味としては、上の言葉とは比較にはならないような軽重の差がある気がする。

黒人運動家が理不尽な抑圧に晒されたとき、常に確信していたこと、それがこれだったのではないだろうかと思った。

「正しい」ということをわかっていても出来ない、やらない、話さないわれわれ凡人にとって、これはいささか薬になる言葉ではないだろうか。

……と、このボードの前で少し立ち止まって考えた殊勝な

純じゃぱだったのである。

●小さな個人の大きな世界……

　先日、免許証の更新で行った運輸局にポスターがあり、そこに美しい言葉を見つけました。臓器提供のコピーなのですが、

　　To the world, you may be one person.
　（世界全体にとって、あなたはただひとりの人間に過ぎないかもしれない）
　　But to one person, you may be the world.
　（でもあなたはある人の世界全体になってあげられる可能性がある）
　　Make a difference.
　（そんな世界を実現したいと思いませんか？）
　　Be an organ & tissue donor.
　（あなたの臓器が実現の鍵なのです）

というものでした。
　1行目で世界に包まれていた「小さい人間」が、2行目では包み込んでいる「大きな世界」に逆転している。
　見方次第で小さかった個人が大きな世界になれる……そんな対比の表現がとても秀逸だと思いました。
　臓器提供を促しているポスターであることは、標題で理解されているのだから、3〜4行目は言及せず余韻を残しておいて欲しかったと思うのは私だけでしょうか。
　最初の2行だけだったら、間違いなく「座布団1枚」だっ

たなぁ、なんて "にわか撰者" はポスターの前にしばし立っていました。

●ずれている、その名は英語

　英語は、怠惰だと感じることがままある。わかりさえすれば、日本人が思うほど以上に省略してしまう傾向が強いように思うのだ。

　以下にいくつか思うことを書いてみようと思う。

①「私のところに来てください」を英語で言うとき、Please come to meと言う。

　しかし、正確には私の「ところ」に来てほしい、であって、「私に来て」ではない。

　しかし、Please come to my placeとはあまり言わないが日本人ならこう言ってしまいそうだ（Please come to my officeは言っても、常に私のところに来てという意味ではない）。

　また、Please come to meの直訳は意味が通じない。

②先日、小生がうっかり片方の靴のひもがほどけているのを知らないで歩いていた。それを気が付いたアメリカ人がひとこと、

　Your shoe is untied.と言ったのである。

　日本人の感覚からするとほどけているのは "靴ヒモ" であり、"靴" ではない。

　ニホンゴは「靴ひもがほどけているよ」と言い「靴がしばられていないよ」とは言わない。

　もちろん靴ヒモを含意してshoeを主語にして相手に伝え

るわけだが、純じゃぱとしてはずれている感じがする。不完全なのは靴ヒモなのだから何故それを主語にしないのだ？というこだわりが出てしまう。

③昨日、ある靴屋にいった。ピッタリした靴が欲しかったので、再度サイズを測りなおそうと思い、店員に足のサイズの測るよう頼んだところ店員は、Oh, measure your foot? と聞いてきたのである。

　測るのは「足のサイズ」であり「足そのもの」ではない。

　英和辞書を引くと、そのあたりを心得ていて「目的語の（寸法・量・大きさ）を測る」という訳語となっている。

　これは、英語の "なまけぶり" を端的に表しているのではないか？と純じゃぱは思う。

④床屋さんに先日行ったとき言われた言葉。

　Shave ears? と訊かれた。

　当たり前だがこれも耳を剃るわけではなく、耳の周辺の毛を剃るわけだ。日本の床屋で「耳の中、お剃り致しましょうか？」と「毛」という言葉を婉曲的に避け、客に尋ねることがないわけではない気もするが、そこには意図があるのであり、英語では婉曲ではなくただ単に怠惰なのだという気がしてくる。やはり日本と同じ婉曲なのだろうか。ちょっと違う気がしている。

⑤ビジネスがらみで、表を作るとき、たいてい表のタイトルをつける。

　スケジュールだったら、ニホンゴのタイトルに必ず「○○

スケジュール」と記すであろう。

　ところが、英語はそこのところ何となくズレてる。例えば「新製品導入スケジュール」ならIntroduction of new productという名称のタイトルを表に付ける。

　これは直訳すると「新製品導入」というタイトルとなるが、なんだか日本人には気持ち悪い。

　ちゃんと最後に「スケジュール」をつけて欲しいと思ってしまう。

⑥ニホンゴの世界では、数値が入る表だと右上に単位を、（単位：kg）とか（単位：円）などの表現で表示することが多い。最近は、当然なので単位という言葉を省き（kg）、（円）だけで済ます表も日本でも増えてきた。

　英語の世界では、（kg）とか（Yen）とのみ単刀直入に記すのは、最初は"えっ"ってずっと思っていた。

　おまけにその表示が表の右上にないことが多い。

　だから表を見るとき"どこに単位があるか"まず、表中を探すような始末である。（表の中にあることが多く、とても変だ）

　言葉の世界では、双方の了解事項はそれなりに省略することは起きると思う。

　ふつうニホンゴが単一民族であることから了解事項が多く、従い省略する言葉も多いという気もするが、英語は思った意外に怠惰だというのが純じゃぱの結論である。

●オンナの指　猟奇事件

　ある昼下がり、探偵事務所にある男が現れた。

　クライアントはよく見ると純じゃぱである。

探偵「今日はどうしました？」

純じゃぱ「ちょっとご相談がありまして伺いました。実は、ある人の送別会でアメリカ人たちと一緒になったんです」

探偵「ほ〜。それでどうしました？」

純じゃぱ「コースの料理が終わり、デザートの時間になったんです。それで私は3つのチョイスの中から、ティラミスを選びました。それが問題の始まりだったんです」

探偵「デザートでティラミスのオーダーを確かにしたんですね」

純じゃぱ「そうなんです。そうしたらアメリカ人たちがなにやらわからない英語でオンナの指が入っていると騒ぎ出したんです」

探偵「それは、また驚いたことでしょう」

純じゃぱ「そりゃー、ビックリしましたよ。昔、屋台のラーメンに人の手首がダシのために入れられていたなんて猟奇事件を思い出しましたよ」

探偵「それは、よく覚えています。七曲署の第2056号事件でした」

純じゃぱ「オンナの指が砕いて入っているケーキなんてもう食べられるもんではありません。震えあがってしまいました。これは事件性があると思い、こっそり相談にあがったというわけなんです」

探偵「あなたは、英語が良くわかったんですか」

純じゃぱ「それがあまり良くわからなかったんですが、とにかくアメリカ人たちはオンナの指だと言ってました」

探偵「これがホントだとすると確かに事件性がありますね」

純じゃぱ「最近女性が行方不明になったなんて事件がありませんでしたか？」

探偵「いや、特に聞きませんが、お年寄りや家出少女など届け出のないケースもありますから良く調べてみましょう」

　それから3日後のある昼下がり。

探偵「純じゃぱさん、事件は解決しましたよ」

純じゃぱ「えー？　さすが、名探偵と言われるだけのことはありますね」

探偵「結論から言えばこれは事件ではありませんでした」

純じゃぱ「それはどういうことなんですか？」

探偵「アメリカ人たちは、その時、ladyfingerと言ってませんでしたか？」

純じゃぱ「ええ、確かにそう言ってました。それを聞いて震えあがってしまったんです」

探偵「驚くには当たりません。実はladyfingerとは指の形をしたパンの名前なんですよ、純じゃぱさん」

純じゃぱ「そんなバカな！　そんな名前のパンは聞いたことがありませんが」

探偵「そうでしょうね。ティラミスを作るにあたっても普通はスポンジから作るのでしょうが、まあ、ショートカットと言いますか、手間を省くためにこのladyfingerというパンをそのままケーキの部分に使ってしまうことがあるようです。ちなみに辞書で調べてみましたが、下記のようでした。

　Ladyfinger is a flat, finger-shaped cookie made from a delicate sponge cake batter.

　It is served as an accompaniment to puddings or ice

creams and as an important component in many desserts,
such as charlottes and tiramisu.

　Maybe made from scratch or purchase at a bakery or
supermarket.

（「オンナの指」とはスポンジケーキでできた平らな指の形
をしたパンである。プリンやアイスクリームに添えて出され
ることもある一方、シャルロット（果物を入れて焼いた焼き
菓子）やティラミスなど各種デザートのなくてはならない材
料として使われている。「オンナの指」は材料を買ってきて
いちから作ってもいいし、また、パン屋さんやスーパーで出
来合いのものを買うこともできる）

純じゃぱ「ああ、そうだったんですか。私は純じゃぱで、コ
メしか食べないんで（苦笑）。そんな奇妙な名前のパンなん
て聞いたことがないし、ましてや、そんなパンをそのまま
ティラミスの部分に使ってしまうなんて、随分楽している
なって二重の意味で驚きでしたよ」
探偵「そうなんですよね。我々日本人が知らないアメリカ庶
民の生活って感じですよね」
純じゃぱ「もうひとつ質問があるんですが」
探偵「ナンでしょうか」
純じゃぱ「実は、ケーキの上に乗ってる氷というのも聞いた
ことがあってこれも不思議に思っていたんですが」
探偵「それはicingというもので、氷とは関係ありませんよ。
ニホンゴに適当な言葉がありませんのでそのままアイシング
と訳さざるを得ない言葉です」
純じゃぱ「どういう意味ですか」

探偵「ケーキの上に乗っている砂糖や卵の白身で作る白いクリームですよ」

純じゃぱ「あっ、そーだったんですか。すべてが解決してすっきりしました。どうもありがとうございました」

探偵「良かったですね。私、この後もう仕事がないんで、イタリアレストランでも行きませんか?」

純じゃぱ「いいですね。そうしましょう! そしたら、そこで、ティラミスでもオーダーして思いっきりオンナの指とやらをがぶりと食べてしまいましょう~!」

　その後、料理が好きな女房殿に確認するとレディーかどうかは別としてフィンガーという形のパンはイタリア系で売っているそうである。

●MLK夫人が逝去して

　2006年1月31日、マーチン・ルーサー・キング夫人が亡くなった。78歳だった。

　それでそのことが新聞にも大きく取り上げられた。

　この記事を読んで世相がどのようにこれを見ているかを見ながら、同時にえいご道中を歩んで行きたいと思う。

　まず、見出しから。Coretta Scott King, 78, Widow of Dr. Martin Luther King Jr., Dies

　キング夫人。コレッタ・スコット・キングという名前で、心臓病で亡くなったのだが、それよりも、純じゃぱとしては、この見出しの最後が気になって仕方がなかった。

　というのも最後が、Diesと、現在形になっていたから。

　死んだのだからDiedなのではないかしら?と思ったので

ある。上の見出しの記事の中身をちょっと覗いてみよう。

Coretta Scott King, known first as the wife of the Rev. Dr. Martin Luther King Jr., then as his widow, then as an avid proselytizer for his vision of racial peace and nonviolent social change, died early today at Santa Monica Hospital, in Baja California, Mexico, near San Diego.
（キング牧師の未亡人、コレッタ・スコット・キングが、サンディエゴ市近傍のメキシコ、バヤ・カリフォルニアにあるサンタモニカ病院で、本日早朝なくなりました。黒人平和、非暴力による社会変革というキング牧師の思想を熱心に推し進めた人として知られています）

なんだ　ちゃんとdiedで「死んだ」と過去形で言っているじゃないか！と思った。
もっとも日本でも誰かがなくなったら、
○○死ぬ、とか、○○死す
と「現在形」で新聞記事の見出しが出るのがフツーだろう。過去形で「死んだ」という見出しは見たことがない。
そして記事本文では「死んだ」と書くだろうから「ま、英語の世界でも同じなんだ！」ということを発見した気分である。英語もニホンゴも現在形で臨場感を出しているのだろう。
もう少し記事を読んでみよう。

Mrs. King rose from rural poverty in Heiberger, Ala., to become an international symbol of the civil rights revolution of the 1960's and a tireless advocate for social and political issues ranging from women's rights to the struggle against apartheid in South Africa that followed in its wake.

（キング夫人は、アラバマ州の貧しい田舎で育ちましたが、やがて1960年代の公民権運動の国際的象徴となり、またそのウネリの中で女性地位向上から南アフリカアパルトヘイト反対まで社会・政治問題に対しあくなき挑戦を続けるリーダーとなりました）

そうか、アパルトヘイトは知っていたが、apartheidと最後がdになるとは知らなかった。ちなみにどうやって発音するのかアメリカ人に発音してもらったら、アパァタイドのような発音だったので、もっとびっくりした次第だ。

彼女が若いころ人種差別の激しい南部で二部屋しかない家に住み綿花を摘んで生計をたてていた。当時は歩いて学校に通う彼女の脇を白人生徒しか乗れないバスが砂埃をたてて走り去っていった時代だった。

キング牧師や夫人の功績をたたえ2/4には、彼女の遺体が女性として、そして黒人として初めてジョージア州の州議会議事堂に安置された。この名誉は、差別が激しかった時代には、絶対にありえないことであった。その大きな違いを表す箇所を載せて終わりにしたい。

Gov. Sonny Perdue planned to escort the casket into the Capitol alongside King's four children. That would be a striking contrast to the 1968 death of Martin Luther King Jr., when then-Gov. Lester Maddox was outraged to see state flags, then dominated by the Confederate Cross, flying

at half-staff in tribute to a black man and refused to
authorize a public tribute.

Immediately after, the state flag she helped to change –
no longer bearing the Confederate battle emblem – was
lowered by Perdue.

（ソニー・パーデュー州知事は、キング牧師の4人の子供た
ちとともに州議会議事堂まで棺に付き添うという考えを示し
た。これは、1968年に夫であるキング牧師が亡くなった時
とはまったく対照的である。当時、時の州知事レスター・マ
ドックスは（奴隷解放の象徴ともいうべき）州旗を見て激怒
しすぐに（奴隷制擁護の象徴とも言うべき）南軍旗に変えさ
せた。ひとりの黒人への賞賛のしるしとして半旗を翻してい
た州旗だったが、公の賞賛のしるしとしては否認したのであ
る。そのあとすぐにキング夫人は、奴隷制度擁護の南軍旗を
やめ、州旗とするよう尽力したのだった。その制度変更に尽
力した州旗が、いま彼女の死を悼むべくパーデュー知事によ
り半旗に掲揚されたのである）

Confederate flagとは、南北戦争（1861-1865）の「南軍」
の旗を指す（ちなみに「北軍の」という形容詞は、Federal）。
南北戦争は150年近く前の戦争であり、それに使用された
「南軍旗」など忘れられるべき存在のはずだが、ところがこ
こ南部では健在だ。
クルマや家にこの赤地にX型の星が施された南軍旗をし
ばしば見ることが出来る。
アメリカ史上最大の戦死者を出した戦争であり、かつ、南
部は敗北した側だから、余計この旗に未練があると見る。

　同時に奴隷制擁護の流れ、さらにその差別意識などもいまだに生きているということなのである。

　今でも南部の本屋を歩くと南北戦争のハードカバーの本がうずたかく平置きにされているのを見ることができる。

●わが心のディープサウス

　会社の先輩からある本を借りた。

「わが心のディープサウス」（※）

　米国南部生まれの南部育ちの著者（アメリカ人ながら早稲田大学文学部の教授）が、幼少の時代を回想しながら南部を旅するという構成になっている。

　豊富な美しい写真と軽妙洒落な文章で私も南部旅行に同行しているようにも感じられた楽しい本だった。

　一般的にアメリカ南部といったとき、地理上の南部であるフロリダ州や、テキサス州は含まない。

　南北戦争の時にアメリカ南部連合に所属していた11州が「南部」と呼ばれるのである。

　そして特にサウス・カロライナ、ジョージア、アラバマ、ミシシッピ、ルイジアナを Deep South と呼ぶのである。

　日本語では「深南部」と訳されている。

　この「深南部」という言葉には、「未開性」や「原始性」「後進性」といったニュアンスが含まれていると感じる。

　北部から南下し、南部地域を通り過ぎてなお南下しなければ入りこめないほど深い地域といった「北部人」の視点からの表現というイメージがある。

　実際にあまり聞かないが、

Shallow South

　という言葉もあるのが良い証拠だ（Kentucky 州や Tennessee 州がそれにあたる）。

　しかし、それだけに「旅」をすると何か自分の知らない世界が途方もなく広がっているような魅力を感じさせる言葉でもある。

　北部アメリカ人からは、南部人の保守的な考え方や、経済発展が歴史的に遅れてきたこと、黒人比率の高さ、そして南部訛りと呼ばれるアクセント southern drawl や、なまず catfish（ひげが生えているのでそのように呼ばれるのだろう）や、ざりがに crawfish などの食物や油っこい食事などのすべてが、あるときは軽蔑的に、あるときはある種の未知の魅力で語られ「深南部」地域のイメージ形成をしてきたと思う。

　純じゃぱはサウスカロライナ州に住んでいるが、その中にいると違いはぼやけて見えるし、そもそも Japanese は、米人が見たり感じたりするものも見えてこない側面が強いので、それをこの本が少し払拭してくれたような気がする。

　とにかく、北部人の目から見たその「ディープサウス」で、豊穣な独自の文化が育まれ、その結果、ジャズが生まれ、タバスコが生まれ、ケイジャン音楽（カナダから渡ってきたフランス系移民によるアコーディオンを中心とした音楽）やプランテーション文化が生まれた。

　そして「ハックルベリー・フィンの冒険」「風と共に去りぬ」が書かれたのである。

　ちなみに「風と共に去りぬ」は、「聖書」を除けば、世界で最も売れた本なのである。

（※）「わが心のディープサウス」ジェームス・M・バーダ

マン著、森本豊富訳、スティーブ・ガードナー写真、河出書房新社

●911の記憶

ことしも9月11日が来た。

忘れもしない911。

あの日以来Nine-One-Oneという言葉は呪縛となった。

あの日、私は、SouthCarolina州のGreenville市のホテルで研修を受けていた。

何かが起きた。

講師が講義を止めた。

そして講義はそのまま中断となった。

ホテルはロビーに大きなテレビを出してきた。

画面ではNYの2本のビルの1本から煙がもうもうと噴き出している。

黒山の人だかりになった。

何が起きたんだ?

わからないが飛行機が突っ込んだらしい。

ホント?

事故?

知らない。

でも誰もテロだなんて言わなかった。

画面を見続けていたら、遠景からやってきたハエのような飛行機がゆっくりともう1本に近づきそして火花をあげて突っ込んだ。

Oh,my God!!

　黒山の人だかりが一斉に叫んだ。

　何が起きたのかますますわからなくなった。

　映像は黒々とした煙を吐き続けるアメリカの象徴を映し続けた。

　テロらしいことが伝わってきた。

　みなただ立ち尽くして黙って映像を見続けた。

　主催者が研修を継続するかどうか聞いた。

　世界を震撼させることが起きてもあの2本の建物の阿鼻叫喚を尻目に自分には、何もやれることがない。

　研修は続けられることになる。

　死んだであろう飛行機の乗客たちに1分の黙祷をささげたあと再開された。

　講師の声はうつろだった。

　ただフェイドアウトしていった。

　誰一人として研修を聞いていなかった。

　2本の建物が吐き出す煙にこの部屋までもが覆われてしまったように思えた。

　休憩時間。

　飛行機に自分たちの会社の社員が乗っていなかったか。

　飛行機はすべて地上待機になった。

　出張に行って帰れなくなった社員はいないか。

　家族の安否は？

　それらをひっちゃきになって会社の幹部らは確認していた。

　そこから何か変な動きがでてきた。

　それから米国本土が敵にやられたのは日本軍の真珠湾以来だなんて報道がなされるようになった。

　日本人の男たちが職場で、日本人の子供が学校で、日本人の奥さんがコミュニティで感じなくてもいい居心地の悪さを思い切り経験した。

　そして第3次世界大戦が起きるのか？なんて怯えたりした。

　911はアメリカの警察の電話番号。

　アラブが警告を発するために9月11日を選んだのだとまことしやかに言う者。

　「9」はペンタゴンの象徴、「11」は世界貿易センターの象徴で、よく見ればどこがやられるかわかったんだということをまことしやかに言う者。

　誰もアラブのことなんか知らず、ただそんなごろ合わせのような論評をする愚者がいた9月11日。

　それ以来、アメリカはより自己防衛的になり懐疑的になって自国の国民を縛った。

　出張は禁止となり、さらに誰もが、自発的に旅行を取りやめた。

　経済は冷え込んだ。

　2本のビルが消費のスイッチを切ってしまった。

　そして2本のビルは、国民への信頼というスイッチも同時に切った。

　空港の駐車場に入るのにトランクが開けられ、空港内の道路という道路は駐車禁止となり常時パトカーがテロリストのいない空港を税金を使って走り回った。

　空港のチェックでは爪きりを捨てさせ、命のミネラルウォーターをゴミにし、また靴を廊下で脱がせてひとびとの時間を容赦なく奪った。

　旅行者のカバンはカギをかけることが禁止され、そしてそ

れは容赦なくあけられ使えるモノが捨てられた。

　空港のチェックでは長蛇の列ができ、飛行機に間に合わない者が続出し「早くしてくれ」と叫ぶ旅行者がいて「文句があるならもっと早く空港に来い」という警官がいた。

　そしてアメリカはアラブへ報復の旅に出てたくさんの自国の兵士を殺した。

　2本の建物は自由主義・資本主義・キリスト教主義の象徴、すなわち"アメリカ主義"の象徴でもあったが、結局信じられないことに崩壊した。

　それは、アメリカ人の心の崩壊でもあった。

　動揺は広がり消費は低迷し人々は家に蟄居した。

　それでもアラブのイスラムの世界を知る人はいなかった。

　知ろうとする人もいなかった。

　アメリカはアメリカだけを知っていればよく、アメリカ語だけを話せばよく、ハンバーガーとピザを食ってればいい国だった。

　違った言葉をしゃべったり、違った神様を信じる人たちは、自分たちにひれ伏していればいいということを当たり前に思う国だった。

　そんな野郎自大で世界のことを知らない偉大なる田舎国家アメリカの中にあって、自分もまた世界の力学音痴で平和ぼけだった。

　あれから8年。

　いま自分の家にはアメリカで追悼の意を表するためにウォルマート（Walmart）で買った星条旗がある。

　まだそれが捨てられない。

あとがき

　いま、これを書いているのが2023年。

　私がアメリカの南部サウスカロライナ州に写真印画紙の工場建設を命じられたのが、1995年。あれから、もう30年近くがたってしまったのだと思うととても驚きます。

　当初3〜5年と言われて駐在を開始したわけですが、その同じ会社の別部門の米国進出が続けざまに決定され、それに伴ってズルズルと12年間も滞在することになってしまいました。

　その間、日本生まれの日本育ち、そして日本の英語教育を受けた"純ジャパニーズ"、"純じゃぱ"の自分が、英語を通じて驚き慌てふためいたアメリカ文化の日々を書き綴ったのがこの本となりました。

　米国に滞在した12年間は自分の人生において貴重な、視野を広げる体験をさせてもらった場所となりましたが、その中で驚いたのが〈英語〉の世界であり〈英語文化〉の世界でした。

　中学〜高校〜大学と学んできた英語とまるで違ったホンモノの世界はアメリカ滞在を一番象徴するものであったため、それらは、こまめにメモに残すようにしていましたが、それがこの本の出版に結び付くことになりました。

　たとえば、本文にも書きましたが日本の参考書の例文ではExcuse meとして、すみませんの翻訳であると出ていますが、これは話す自分がひとりの場合であり、もし例えば夫婦で歩いていて相手にすみませんというならExcuse usと言わねば

ならないことも、アメリカに行ってから知ったことです。

　また英語を通じて見えてきたアメリカという国・世界・文化・風習・行動・生態……などもニュースなどを通じて知った断片的なアメリカとはまるで違うものでした。

　例えていうと、日本のメディアを通じて見るアメリカは望遠鏡で見る巨大都市の街かどであり、実はその視野外に巨大な99%の田舎があることもわかりました。言い換えると映像のニューヨークやロスの街かどはごくごく一部の都会に過ぎない、都会中の都会の映像であって、実は広大な草原や畑などにまるで沈殿するようにぽつんぽつんと家を構え、ゆったりと静かにアメリカ人たちが住んでいるのが実像であるということです。

　ひとりの妻、ふたりの子供と共に家族を帯同しての駐在でしたが、当初滞米を希望していなかった妻には苦労をかけましたし、子供たちは子供たちで日本の学校を退学し仲の良かった友人たちと別れてアメリカで過ごすことになりました。
　駐在当初は涙なしでは語れない日々が長く続きましたが、今は、アメリカに行ったことを良かったと思っていますし感謝してくれているとも思います。

　最近は駐在当時よりもインターネットも発達しそれにともなったブログなども一般的になってきています。この本に書かれていることと重複する部分もあるかも知れませんが、いずれにせよ、すべて私が自分で見て・聞いて・経験して書いたナマの体験記です。

　知的遊戯としてでもまた、教養の一端でも、また酒席の話題でも結構ですが、内容の一部でも取り上げられることがあるのなら著者の望外の喜びです。

　末筆ながら、出版を担当していただいた（株）文芸社の方々にはお世話になりました。感謝申し上げます。

　2023/9/末　真夏日続く"秋"に

著者プロフィール

篠原 正泰 (しのはら まさやす)

1958年（昭33）東京生まれ。1982年（昭57）慶應義塾大学商学部卒。同年富士写真フイルム㈱入社、1995～2007年Fuji Photo Film Inc.（在米国サウスカロライナ州）工場に駐在（FujiPhotoFilmInc.VicePresident）。帰国後、富士フイルム㈱経営企画部、富士フイルムビジネスエキスパート執行役員を経て、現在、富士フイルムグループ健康保険組合常務理事。健康保険組合神奈川連合会長。保険者機能を推進する会副会長。趣味は登山。

純じゃぱのえいご道中膝栗毛

2024年 5 月15日　初版第 1 刷発行

著　者　篠原　正泰
発行者　瓜谷　綱延
発行所　株式会社文芸社
　　　　〒160-0022　東京都新宿区新宿 1 - 10 - 1
　　　　　　　　　　電話　03-5369-3060（代表）
　　　　　　　　　　　　　03-5369-2299（販売）

印　刷　株式会社文芸社
製本所　株式会社MOTOMURA

ISBN978-4-286-24906-3